이야기를 완성하는
서사 패턴 959

이야기를 완성하는

서사 패턴 959

방현석 지음

아시아

머리글
이야기를 서사로 만드는 비밀

사람들은 누구나 이야기를 좋아한다. 어떤 사람들은 아주 흥미진진하게 이야기를 지어낼 줄 안다.

하지만 흥미로운 이야기가 모두 소설이나 드라마가 되는 것도, 뛰어난 이야기꾼이 모두 작가가 되는 것도 아니다.

이야기는 도처에 널려있다. 서점이나 극장을 가지 않아도, 단 몇 초 사이에 바뀌는 포털 사이트의 스팟광고조차 모니터 위로 쉴 새 없이 이야기를 쏘아 올린다.

이렇게 이야기가 넘쳐나는데도 사람들은 이야기를 지어내는 일을 멈추지 않는다. 늘 새로운 이야기에 목말라하고, 또 듣고 싶어 하고 또 하고 싶어 한다. 왜 이야기를 지어내는 일을 멈추지 못할까? 사연으로 가득한 것이 인생이기 때문이다. 자신의 얘기를 소설로 쓰면 세 권이고, 드라마로 하면 24부작이 된다는 사람들의 말은 거짓이 아니다. 사람들은 누구나 훌륭한 이야깃거리를 가지고 있다.

재치 있는 이야기꾼들은 트위터와 페이스북, 블로그, 카페 등

온라인 매체를 통해 사람들의 공감을 얻으며 활약한다. 그것으로 만족하지 못하는 사람들은 자신의 이야기를 소설로 쓰거나, 영화나 드라마로 만들려고 도전한다. 그러나 그들의 대부분은 곧 절망하고, 포기한다. 단순한 이야기와 서사예술 사이에 놓여 있는 심연을 건너는 방법을 잘 모르기 때문이다.

우연이 빈번하게 개입하는 우리의 일상과 무질서가 횡행하는 세상에서 벌어지는 사건은 여럿이 모여 수다를 떨기에는 충분한 이야깃감이지만 서사예술이 되지는 않는다. 저마다 가진 소중한 사연이 소설과 영화, 드라마, 뮤지컬과 같은 서사예술로 만들어지려면 매혹과 감동을 극대화하기 위한 내밀한 질서를 갖추어야 한다.

이야기를 서사예술로 바꾸는 내밀한 질서의 핵심은 서사 패턴이다. 이 책은 이야기를 다루는 작가, 연출자, 감독, 프로듀서를 위한 서사 창작방법론이다.

한 편의 소설이나 영화, 드라마를 만드는 과정에는 늘 고통과 희열이 함께 한다. 독자나 관객은 끊임없이 너 감동적인 이야기를 기대할 뿐 아니라 더 인상적인 방법으로 이야기해주길 요구한다. 독자와 관객의 기대를 뛰어넘는 서사를 만들어냈을 때 작가는 다른 무엇으로도 대체할 수 없는 희열을 맛보게 된다.

훌륭한 작가는 드러난 이야기의 배후에서 보이지 않는 질서를 만드는 장인이다. 서사예술은 혼란과 모순으로 가득한 이야기에 질서를 부여할 줄 아는 능력을 갖춘 장인들에 의해서 탄생한다. 개성적인 인물과 흥미로운 이야기가 보이지 않는 질서 체계에 의해 튼튼하게 뒷받침될 때 매혹적인 서사는 비로소 완성된다.

　이 책은 매력적인 이야기를 완성하는 9가지 유형의 첫 장면과 5가지 유형의 마지막 장면, 9가지 유형의 플롯으로 나누어 서사 패턴을 정리했다. 각각의 창작방법론이 지닌 특징을 보다 더 구체적으로 쉽게 이해할 수 있도록 패턴별로 대표적인 소설과 영화, 드라마, 신화와 민담을 예로 들어 다루었다.

　이 책의 출간은 미리 원고를 단편적으로 살펴본 동료 작가, 연출자, 프로듀서들이 보여준 기대 이상의 반응과 적극적인 권유에 크게 힘입었다. 원고를 마무리하는 과정에서 번거로움을 마다하지 않고 갖은 질문에도 기껍게 응답해준 영화제작자 차승재와 이은, 드라마 작가 김운경 선배와 정형수 후배에게 고마움을 전한다. 그리고 학부와 대학원에서 나와 함께 공부한 학생들의 노고도 이 책에 함께 담겨있음을 밝혀둔다. 특히 원고 정리과정에서 모영철군에게 받은 도움이 컸다.

　이야기의 시작부터 완성까지, 인물과 사건을 유기적으로 연결하고 발전시켜나가는 과정에서 이 책에 담긴 주요 서사 패턴과 그 활용방법이 소설과 드라마, 영화를 다루는 창작자들에게 도움이 될 수 있기를 기대한다.

2013년 2월 방현석

차례

머리글 이야기를 서사로 만드는 비밀   4

제1장 이야기는 어떻게 서사예술이 되는가   11
이야기의 재배열   12
이야기의 생략과 강조   14
이야기의 허구화   21

제2장 서사예술은 어떻게 질서화 되는가   27
서사예술의 통제   28
서사예술의 질서화   30

제3장 첫 장면은 서사예술의 시작이 아니다   37
첫 장면의 중요성   38
첫 장면의 역할   46

제4장 첫 장면의 아홉 가지 유형　55
　　　독자를 마중하는 첫 장면　56
　　　독자를 유혹하는 첫 장면　74

제5장 마지막 장면은 서사예술의 목표다　91
　　　마지막 장면의 중요성　92
　　　마지막 장면의 역할　95

제6장 마지막 장면의 다섯 가지 유형　101
　　　내화형 결말　103
　　　확장형 결말　111
　　　반전형 결말　115
　　　회귀형 결말　122
　　　개방형 결말　126

제7장 핵심 장면은 서사 전략의 승부처다　131
　　　핵심 장면의 중요성　132
　　　핵심 장면의 역할　134

| 제8장 | 서사예술의 아홉 가지 유형 | 149 |

단일 모티프 플롯　　　169

도주와 추적 플롯　　　189

만남과 엇갈림 플롯　　　203

배신과 헌신 플롯　　　213

버림과 도전 플롯　　　227

비루와 숭고 플롯　　　237

성장과 고백 플롯　　　250

환상과 초월 플롯　　　268

원형서사 활용 플롯　　　283

맺음글　서사예술의 질서와 코드는 작품에 숨겨져 있다　　　304

제1장

이야기는 어떻게
서사예술이 되는가

이야기의 재배열

"서사는 스토리의 재배열과 생략에서 시작된다."

　소설이나 드라마의 서사는 단순한 이야기와 다르다. 소설이나 드라마는 작가의 의도에 따라 전개되는, 질서를 가진 이야기다. 작가의 의도에 따라 재편성의 과정을 거친 이야기는 어떤 경우에도 사실 그 자체가 아니다. 철저하게 사실에 근거해서 만들어진 논픽션이나 다큐멘터리의 서사도 엄격한 의미에서는 사실 그 자체라고 할 수 없다. 그 이유는 집필자나 연출자의 의도에 따라 이야기의 순서가 재배치되었기 때문이다.

　이철용이 쓰고 황석영의 이름으로 간행된 장편소설 『어둠의 자식들』은 체험을 바탕으로 한 작품이다. 이철용은 소설 속 내용이 모두 실화라고 말했지만, 이 작품의 어느 정도가 사실이고 어느 정도가 가공된 것인지 알 수 없다. 하지만 이 소설에 등장하는 모든 바가 사실이라고 할지라도 사실 그 자체는 아니다. 이미 작가가 의도를 가지고 이야기 배치를 다시 했기 때문이다.

　이처럼, 이야기를 질서화하기 위한 재편성 과정은 단순한 이야기를 서사로 만드는 첫 단계다.

우리는 흔히 서사를 꾸며낸 이야기로 여긴다. 이런 생각은 자칫 서사화 작업의 출발점이 허구적 가공이라고 착각하기 쉽다. 하지만 보다 먼저, 이미 존재하는 이야기를 재배열해야 한다. 어느 장면을 먼저 보여주고, 어느 장면을 중간에 배치하고, 어떤 장면을 마지막에 걸어둘지 결정해야 한다.

시어머니와 며느리에 관한 이야기를 예로 들어보자. 작가는 대문 앞에서 울고 있는 시어머니의 모습을 먼저 보여줄지, 시어머니가 집 안에서 며느리에게 행한 비열한 행동을 먼저 알릴지 선택해야 한다. 그리고 며느리가 대문 앞에서 울고 있는 시어머니를 안으로 모셔가는 장면으로 마칠 것인지, 며느리를 따라 들어간 시어머니가 집에서 다시 행패를 부리는 것으로 마칠 것인지 선택해야 한다.

이야기를 풀어내는 순서도 작가의 의도에 의해 정해진다. 작가는 자신의 의도대로 독자가 반응할 수 있게 이야기를 배치한다.

'미국 인디언 멸망사'라는 부제를 달고 있는 디 브라운의 『나를 운디드니에 묻어주오』와 러시아 혁명의 현장을 기록한 존 리드의 『세계를 뒤흔든 열흘』, 조선의 혁명가 김산의 생애를 다룬 님 웨일즈의 『아리랑』과 같은 기록문학의 수작들 역시 작가의 의도대로 배치되어 있다. 기록자가 아무리 순수한 열정과 균형 잡힌 시각을 가지고 썼다 하더라도 의도가 개입하지 않은 것은 아니다. 그러므로 사실 그 자체라고는 말할 수 없는 것은 당연하다.

이야기의 생략과 강조

　이야기의 재배열이 서사를 만드는 첫걸음이라면, 서사화의 두 번째 단계는 이야기의 생략과 강조다. 작가는 대상이 되는 이야기에서 어떤 부분은 남기고 어떤 부분은 의도적으로 빼버린다. 이러한 취사선택은 오로지 작가의 몫이다. 앞에서 예로 제시한 어머니와 며느리의 이야기에서, 며느리를 따라 들어간 시어머니가 집에서 다시 행패를 부리는 이야기를 넣느냐, 아니면 이 부분을 삭제하고 며느리를 따라 집으로 들어가는 것으로 끝내느냐 따라서 이야기의 성격은 완전히 달라진다.

　이광수는 『나, 나의 고백』에서 자신에게 치명적이고 불리한 친일행위를 제외했다. 이러한 생략의 효과 때문에 『나, 나의 고백』은 사실 그 자체가 되지 않는다. 심지어 김구의 『백범일지』나 장준하의 『돌베개』도 사실 그 자체라고는 할 수 없다. 다른 서술자라면 충분히 강조했을 부분도 단 한 줄의 언급으로 끝내거나 아예 언급조차 하지 않기도 한다. 반면 어떤 부분은 지나치리만치 강조한다.

키르기스스탄의 대서사시 『마나스』에는 노예 만꾸르뜨에 얽힌 이야기가 나온다.

1. 스텝에 살던 청년 졸라만은 용맹하고 활을 잘 쏘는 명사수였다. 어느 날 츄안츄안 부족이 졸라만의 마을에 쳐들어왔다. 츄안츄안 부족은 점령한 마을 사람들을 모두 죽이거나 노예로 삼는 잔인한 부족이었다. 졸라만은 마을을 지키기 위해 용맹하게 싸웠다. 아들 졸라만과 마을의 청년들이 싸우는 동안 어머니는 낙타를 타고 마을을 탈출하는 데 성공했다. 그러나 마지막까지 전력을 다해 싸웠던 졸라만은 츄안츄안 부족의 포로가 되고 말았다.

2. 츄안츄안 부족은 생포한 포로들의 머리를 빡빡 밀고 암낙타 한 마리에서 다섯 개가 나오는 유방 가죽을 모자처럼 씌웠다. 그런 다음 포로의 손을 묶고, 발에는 족쇄를 채웠고, 목에는 칼을 채워 머리를 땅에 대지 못하도록 하여 풀 한 포기 없는 사막에 방치한다. 물도 음식도 주지 않는다. 살을 태우는 태양 아래, 포로들의 머리에 씌워진 낙타 유방이 마르면서 접착제처럼 옥죄며 들러붙었다. 미친 듯이 질러대는 다른 사람의 비명은 또 다른 고문이었다. 뻣뻣하고 잘 구부러지

지 않는 머리카락은 자라다가 낙타가죽에 막혀 거꾸로 머리를 파고들었다. 고통은 이루 말할 수 없었고, 결국 극한의 고통 속에서 모든 기억을 송두리째 잃고 말았다. 사흘이 지나서 살아남은 사람은 몇 명에 불과했다. 졸라만도 그런 과정을 거쳐 겨우 살아남았다. 그러나 그렇게 살아남은 사람은 이미 살아있는 사람이 아니었다. 츄안츄안 부족이 노린 것도 그것이었다. 포로들은 자기가 어디에서 왔는지, 아버지가 누구인지, 어머니가 누구인지 전혀 기억하지 못하는 노예 만꾸르뜨가 되는 것이다. 그들은 인간의 모습을 하고 있되 아무것도 기억하지 못하는 살아있는 시체, 좀비에 지나지 않았다. 졸라만은 그렇게 살아남아 츄안츄안 부족의 노예인 만꾸르뜨가 되었다.

3. 아들 졸라만을 찾아 스텝 지역의 사막과 초원을 헤매던 어머니 나이마-아나는 천신만고 끝에 졸라만을 만났다. 그러나 츄안츄안 부족의 노예가 되어 양치기로 살아가던 졸라만은 그녀를 알아보지 못했다.
"너는 졸라만이야. 나는 네 어머니고. 네 아버지는 네게 활 쏘는 법을 가르쳤잖아. 너는 우리 부족의 제일가는 명사수였어."
자신을 알아보지 못하는 졸라만 앞에서 어머니는 울부짖었고, 츄안츄안 부족이 달려왔다. 어머니는 낙타를 타고 다시 도망쳤다. 츄안츄안 부족은 졸라만에게 그녀가 누구인지 물었다. 졸라만은 '자기가 내 어머니라고 하더라'고 대답했다. 츄안츄안 부족은 졸라만에게 활과 화살을 주며 다시 여자가 오면 쏴 죽이라고 명령했다.

4. 다음날 다시 어머니가 졸라만을 만나러 왔다. 졸라만은 활을 겨눴다. 어머니는 쏘지 말라고 외쳤지만 화살은 이미 시위를 떠났다. 나이마-아나는 죽고 말았다. 그녀가 쓰러질 때 머리에서 떨어져 내리던 하얀 스카프가 하얀 새로 변해 날아갔다. 새는 날아가며 이렇게 슬프게 노래했다. '네가 누구 자식인 줄 아니? 네가 누구지? 네 이름이 뭐지? 네 아버지는 도넨바이였어. 도넨바이, 도넨바이, 도넨바이, 도넨바이……'

도넨바이라는 이름의 새는 밤마다 사로제끄 사막을 날아다니는데, 나그네가 나타나면 다가가서 이렇게 속삭였다. '네가 누구 자식인 줄 아니? 네가 누구지? 네 이름이 뭐지? 네 아버지는 도넨바이였어. 도넨바이, 도넨바이, 도넨바이, 도넨바이……'

― 김남일·방현석, 『백 개의 아시아』, 아시아, 2013.

이 잔인한 이야기가 일깨우는 것은 고문 그 자체가 아니라 기억의 소중함, 정체성의 소중함이다. '목숨이 붙어 있다 해도 기억이 없다면 인간은 무엇이겠는가?'를 묻는 것이다. 그런데 만약, 네 개의 시퀀스 중 두 번째 시퀀스를 맨 뒤에 배치한다면 이야기의 느낌과 효과는 달라질 것이다. 이 부분을 아예 삭제하는 경우에도 「만꾸르뜨 노예」는 전혀 다른 서사가 될 것이다.

졸라만이 당한 가혹한 고문이 없으면 졸라만이 지닌 비극적인 캐릭터도 없다. 강제로 기억을 거세당하고 정체성을 상실하는 이 참혹한 시퀀스가 없다면 기억과 자기 정체성의 중요성을 묻는 서사의 핵심은 사라져버리고, 어머니와 자기 부족을 잊은 채 살아가는 한심한 인간의 모습만 남게 될 것이다. 이 두 번째 시퀀스로 인해서 아들이 어머니를 쏘아 죽이게 되는 서사의 비극성은 극대화되며, 아들의 화살에 맞아 숨이 끊어진 어머니의 스카프가 새로 변해 날아오르는 네 번째 시퀀스의 발판이 되고 있다.

이야기의 생략이 서사에 미치는 영향은 현대 소설과 영화에서 얼마든지 확인할 수 있다.

밀란 쿤데라의 소설 『참을 수 없는 존재의 가벼움』은 권력이 된 인간과 관료화된 인간관계에 대한 참을 수 없는 환멸의 서사다. 밀란 쿤데라는 이 소설을 통해 사회주의 체제인 체코에서 사회주의 이념을 인간 위에서 군림하는 도구로 사용하며 즐기는 권력자의 행태에 대해 참을 수 없는 혐오를 드러내고 있다.

감독 필립 카우프만은 소설 『참을 수 없는 존재의 가벼움』을 《프라하의 봄》이란 제목으로 영화화했다. 이 영화는 원작을 매우 충실하게 반영한 작품에 해당한다. 홍상수의 영화《돼지가 우물에 빠진 날》처럼 원작(구효서의 소설 「어느 여름」)의 흔적조차 찾아볼 수 없게 변형한 작품과는 확연히 다르다. 그런데도 영화《프라하의 봄》은 원작 소설과 전혀 다른 작품이 되었다. 『참을 수 없는 존재의 가벼움』은 권력을 지향하고 권력이 된 인간들이 보여주는 관료화된 인간관계 전반에 대한 환멸을 이야기했으나,《프라하의 봄》은 사회주의 체제의 체코 사회와 사회주의의 탈을 쓰고 체코에서 행세하는 자들에 대한 혐오감을 이야기하고 있다. 왜 밀란 쿤데라의 소설을 읽으면 체제보다는 권력화된 인간 전체에 대한 환멸이 느껴지고, 원작을 충실히 반영한 필립 카우프만의 영화《프라하의 봄》을 보면 사회주의 체제와 사회주의에 대한 혐오감만 압도하게 될까?

 이는 단 하나의 작은 이야기가 생략되어 발생하는 효과다. 소설『참을 수 없는 존재의 가벼움』에서 주인공은 캄보디아 여행을 간다. 그곳에서 미국인 여행자들을 만난다. 주인공은 미국인 여행자들이 보여주는 오만하고 천박한 모습에 참을 수 없는 혐오감을 느낀다. 이 장면을 통해 밀란 쿤데라는 소련을 종주국으로 한 사회주의 국가 체코에서 행세하는 인간들이나 미국의 성조기 아래서 행세하는 인간들 모두에 대한 환멸을 이야기하고 있다.

 할리우드의 거장 필립 카우프만은 그저 이 장면 하나를 뺐을

뿐인데 영화는 미국의 입맛에 딱 맞는 사회주의에 대한 안티테제, 반공영화가 되었다. 권력 지향적인 인간의 본성과 세계에 대한 복잡한 성찰 대신 단순한 반공 이데올로기가 도드라졌다. 이것이 바로 생략의 효과다.

 이와 같이 서사화의 첫 번째 단계는 이야기의 재배열이고, 두 번째 단계는 이야기를 지우거나 강화하는 것, 취사선택이다. 이야기를 꾸며내는 허구화 작업은 이야기를 재배열하고 이야기를 지우거나 부각시키는 것만으로 부족할 때 필요한 옵션이다.

이야기의 허구화
"픽션은 논픽션의 반대말이 아니다"

이야기 순서를 배열하고 구성하는 것은 좁은 의미에서의 플롯이라고 할 수 있다. 플롯이란 개별적인 사건의 나열을 뜻하기 때문이다. 이런 관점에서 봤을 때, 플롯은 인물과 사건, 배경과 함께 서사를 이루는 주요 요소 가운데 하나라고 할 수 있다.

그렇다면, 꾸며낸 이야기가 없는데도 이야기를 재배열하고, 이미 존재하는 이야기 일부를 삭제하거나 부각했다면 픽션일까 논픽션일까? 논픽션도 이야기 순서를 의도에 따라 배열하며, 이미 존재하는 이야기 모두를 다 담지 않는다. 즉, 플롯을 가지고 있다는 점에서는 논픽션도 픽션과 마찬가지다.

픽션은 논픽션의 반대말이 아니다. 모든 이야기는 인간의 삶이 전개되는 현실 위에서 생겨났다. 논픽션과 픽션이 태어난 자리도 바로 여기다. 그러나 논픽션의 서사는 사실에서 멈추지만 픽션은 사실에서 멈추지 않는다. 실재하는 이야기, 그 자체만으로 부족하다고 느낀 인간의 필요에 의해서 이야기가 꾸며지기 시작하는 것이다. 즉, 픽션은 논픽션의 반대편에서 탄생한 것이 아니라 논픽션의 다음 단계에서 출현한 것이다. 그렇기 때문에 픽션은 논픽션의 대척점이 아니라 그 너머에 있는 것이다.

그렇다고 논픽션이 픽션보다 하급의 장르라는 것은 아니다. 전태일의 생애를 다룬 조영래의 『어느 청년 노동자의 삶과 죽음』이 이룬 성취는 그 어떤 픽션도 넘어서기 어렵다. 논픽션이 다루는 것은 사실의 세계, 그 자체다. 사실의 세계에는 사실 그 자체가 가진 감동의 힘이 있다. 명백하게 존재하는 감동적인 현실이 불러일으키는 감흥은 막강한 것이다. 논픽션은 바로 그 감동적인 현실에서 탄생한다.

그러나 현실은 불완전하다. 어느 한 순간, 한 장면이 감동적이지만 그것은 체계적이지 않은 경우가 대부분이다. 지속적이지 않고 일관성이 없는 분절된 이야기에 질서를 부여하는 일을 서사화라고 한다. 여기까지는 논픽션과 픽션이 다르지 않다. 다큐멘터리와 드라마가 이 단계까지는 같은 길을 걷는다.

현실이 지닌 불완전한 감동을 완전한 감동으로 만들기 위해 허구를 동원할 필요성이 제기되는 지점에서 픽션은 논픽션과 작별하게 된다. 소설이나 드라마는 논픽션이나 다큐멘터리가 이루지 못한 완결성을 지닌 미적 성취에 도전하는 서사예술이다.

완전한 감동을 주는 데 장애가 되는 것은 배제한다. 그것으로도 부족할 때, 모자란 것을 상상력으로 채운다. 허구화는 있는 이야기를 생략하거나 강조하는 것으로 부족할 때, 빈 부분을 상상력을 동원하여 채워 넣음으로써 완전한 미적 구조물을 만들어내는 예술적 행위다.

그러면 현실에 있는 이야기에서 일부를 배제하고 재편성한 논픽션은 무엇인가. 그것도 서사다. 그러나 서사예술은 아니다. 물론, 서사예술이라고 주장할 수는 있다. 감독의 의도된 연출에 따라 대상을 촬영하고 훌륭하게 편집한 다큐멘터리 영상들이 있다. 실제로 많은 다큐멘터리들이 그렇게 연출된 것들이고, 영상미학도 영화나 드라마를 능가하는 경우도 상당수 있다. 게다가 픽션으로 넘어서기 어려운 실감과 감동을 가진 현실이 엄연히 존재한다.

1980년 광주항쟁 이야기는 30년 가까이 영화나 드라마로 크게 성공한 사례가 드물다. 그 자체로 이미 완성된 질서를 지닌 이야기의 감동을 픽션이 뛰어넘기란 매우 어렵다. 광주항쟁은 허구화를 통해 더 완벽한 서사가 될 수 있는 여지를 별로 남겨두지 않았다. 실제 사건과 인물이 보여준 압도적인 감동과 실감을 넘어설 수 있을 만큼의 뛰어난 서사적 상상력과 미학적 방법론을 찾아낼 때까지 그 이야기에 가장 적합한 형식은 픽션이 아니라 논픽션인 것이다. 실록 『죽음을 넘어 시대의 어둠을 넘어』를 능가하는 픽션을 만들 수 있는 상상력이 출현할 때까지 5·18 광주항쟁에 가장 적합한 장르는 논픽션으로 남아있게 된다.

한국 다큐멘터리가 이루어낸 큰 성취 중 하나인 《아마존의 눈물》은 실제가 지닌 압도적인 감동에 기반을 두고 있다. 이 이야기를 다큐멘터리가 아닌 드라마로 만들어 성공할 가능성은 희박하다. 아마존의 생태계 질서는 드라마 작가들의 서사 능력으로 넘어서기 어려운 거대한 규모와 신비를 갖추고 있다. 더구나 그것을 담아내기 위한 다큐멘터리 제작진의 치열한 고투는 드라마가 되는 순간 그 힘을 잃고 말 것이다. 그런데도 왜 서사예술이라 부르지 않느냐, 라고 반문할 수 있다. 그러나 이것은 예술에 대한 개념 정의의 문제이고, 장르 간의 경계 설정의 문제일 뿐 가치의 문제는 아니다.

중요한 것은, 이야기가 논픽션이나 다큐멘터리에 머무르지 않고 픽션과 드라마가 되어야 하는 이유의 정당성이다. 허구화는 허구 자체가 위대해서가 아니라 현실이 가진 불완전성을 보완하기 위해 반드시 필요할 경우에만 실행하는 서사 작업의 부가 장치에 해당한다.

필자의 장편소설 『그들이 내 이름을 부를 때』는 처음에 논픽션으로 시작된 것이었다. 평전 형태로 쓰려고 시작했지만, 주인공인 김근태가 살아낸 삶은 사실을 열거하고 해석하는 것으로 그치기에는 감동을 주는 부분이 많았다. 그의 삶을 통해 필자가 느낀 감동을 온전히 독자에게 전달하기 위해서는 부분적인 허구화 작업을 통해 불완전한 사실을 보완해야만 했다.

서사의 완전성을 획득하기 위해 실행하는 허구화의 단계를 승인하는 것이 픽션의 영역이다. 그래서 픽션은 논픽션의 너머에 존재하게 되는 것이다. 따라서 픽션은 당연히 실제를 다룬 논픽션보다 완전한 미적 성과를 거둘 수 있어야 한다. 노동자들의 삶을 눈물겹게 그린 석정남의 수기 『공장의 불빛』과 유동우의 수기 『어느 돌멩이의 외침』이 나온 것은 1970년대였다. 1980년대 이후 노동자들의 이야기를 다룬 소설들은 이들의 논픽션을 넘어서려는 미학적인 도전이었다.

　논픽션보다 못한 완성도와 감동을 가진 픽션은 픽션이 왜 픽션인지 모르는 픽션이다. 독자가 왜 소설인지 모를 소설을 읽게 되는 것은 픽션이 왜 픽션인지 모른 채 소설을 쓰는 작가가 있다는 뜻이다. 관객이 왜 영화와 드라마인지 모를 영상을 자주 보게 되는 것은 픽션이 무엇인지 모른 채 영상 서사를 만드는 감독이 많다는 뜻이다.

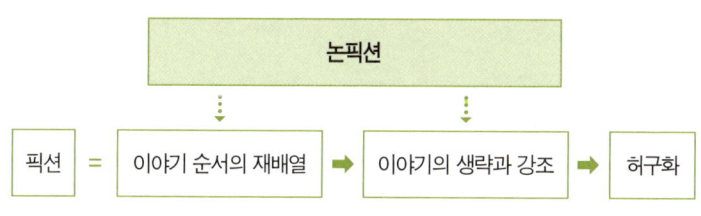

서사화 작업의 3단계

제2장

서사예술은 어떻게 질서화 되는가

"플롯은 서사예술의 통합사령부다"

서사예술의 통제

　서사예술은 결국 스토리와 플롯의 문제로 귀결된다.
　스토리는 서사 내용의 최상위 개념이고 플롯은 서사 형식의 최상위 개념이다. 스토리는 시간순서대로 나열된 사건의 서술이고 플롯은 작가의 의도를 관철시키기 위해 마련된 유기적인 질서다. 플롯은 이야기의 순서를 재배열하고 생략과 강조를 통해 의미를 강화한 뒤, 허구화를 통해 완전한 미적 구조물을 만드는 과정까지를 포함한다. 더 나아가 플롯은 서사를 구성하는 각급의 요소와, 그 요소 간의 질서 전체를 총칭하는 개념이다. 인물, 사건, 배경, 문체, 시점, 시제를 통일적으로 배치하고 조율하여 질서화하는 서사 전략이 넓은 의미에서 플롯인 것이다.
　그러므로 서사예술에서 통합 사령부의 역할을 수행하는 플롯은 인물, 사건, 배경 등 서사를 구성하는 모든 요소를 해체하여 인과관계를 중심으로 재배치하는 과정을 통해 원형 스토리가 지닌 내용을 변형시킨다. 동일한 내용의 이야기를 다루더라도 플롯이 달라지면 담론은 자연스럽게 변화한다.

플롯이 최종적으로 질서화하는 것은 논리와 미학이다. 논리는 서사에 대한 이성적 설득력을, 미학은 서사의 매혹과 신비를 담보한다.

서사예술의 질서화

"사건보다 관계가 중요하다."

 흔히 소설을 인간학이라고 부른다. 인간학은 종합 인문학의 영역으로, 이성과 감성을 비롯한 인간의 모든 측면을 논리적으로 탐구하고 추론하는 학문이다. 그래서 인문학에 대한 이해가 부족한 작가는 훌륭한 작가가 될 수 없다. 같은 이유로 서사적 상상력이 결핍된 학자는 훌륭한 인문학자가 되지 못한다. 서사예술은 인문학적 인식과 서사적 상상력을 모두 아울러 인간의 문제에 접근하는 장르다.

 '왕이 죽고 나서 왕비가 죽었다.'

 여기에 왕의 죽음과 왕비의 죽음이라는 두 개의 독립된 사건이 있다. 이 두 사건 사이에는 상호 인과관계가 없다. 인과관계가 없는 이야기는 서사가 아니다. 이 단순한 이야기에 서사적 상상력을 불어넣은, 에드워드 모건 포스터가 제시한 고전적 예문이 있다.

 '왕이 죽자, 슬픔을 이기지 못해 왕비도 죽었다.'

 왕비의 죽음은 왕의 죽음으로 인한 것이다. 왕의 죽음은 왕비의 죽음을 야기했다. 이렇게 해서 인과관계를 가진 플롯이 만들어졌고 왕과 왕비의 죽음은 서사가 됐다. 서사와 플롯에 관해 조금이라도 공부한 사람이라면 누구나 아는 사실이다.

중요한 것은 그다음이다. 사건과 사건 사이에 인과관계가 생겼다고 미적으로 완성된 구조물이 되는 것은 결코 아니다. 왕이 죽고 그 슬픔을 이기지 못해 왕비가 죽었다는 것은 두 사건의 관계를 질서화하고 있을 뿐이다. 왕비가 왕을 뒤따라 죽은 것은 두 사람이 나눈 사랑의 깊이를 짐작하게 하므로 인간관계도 질서화한 것일 수 있다. 그렇다 하더라도 인물의 내적 질서와 배경의 질서를 담보하는 것은 아니다.

하나의 이야기가 매혹적인 서사가 되려면 사건의 질서와 더불어 인물관계의 질서, 인물의 내적 질서, 배경의 질서가 제대로 구축되어야 한다.

베트남 산악지역에 사는 소수민족들에게는 전해져 내려오는 독특한 풍습 중에 '사랑시장'이 있다. 사랑시장은 매년 3월 27일에 열리는데, 이날에는 이루지 못한 사랑을 간직한 사람들이 시장에서 만나 하룻밤을 함께 보낸다. 부부가 손을 잡고 시장에 가서 자신이 사랑했던 옛 연인을 만나 하룻밤을 보내고 다음날 다시 만나 함께 집으로 돌아간다. 일 년에 한 번, 이날의 만남에 대해서는 아무도 따지지 않는다. 사랑시장의 풍습에는 아픈 사랑 이야기가 얽혀 있다.

커우바이(베트남의 서북 산악지대)의 한 가난한 집안에 '바'라고 하는 매우 잘 생기고 총명한 청년이 있었다. 마음도 착해서 곤경에 처한 사람을 보면 언제든지 도와주었다. 그는 쟁기질도 잘하고 칼 솜씨도 뛰어나고, 피리 부는 솜씨도 대단했다. 그의 피리 소리가 울려 퍼지면 인근 마을의 여인들은 달콤한 꿈에 빠져들었다.

바의 이웃마을에는 다른 소수민족인 저이족이 살았는데, 족장의 집에 예쁜 막내딸이 있었다. 아름다운 얼굴과 목소리를 가진 그녀가 노래를 부를 때면 숲 속의 새가 울음을 멈추었고 바람 또한 고요했다.

많은 부족장들의 아들들이 그녀와 결혼하길 원했지만 그녀의 마음은 바의 피리소리를 들을 때만 황홀하게 부풀어 올랐다. 바도 그녀의 노랫소리가 들려오면 터질 듯한 가슴을 진정하며 피리를 꺼내 불었다. 두 사람의 다리는 자신도 모르게 서로의 노래와 피리 소리를 향해 움직였다. 그들의 사랑은 불꽃처럼 활활 타올랐지만 그녀의 부모는 다른 민족인 데다가 가난하기까지 한 바와 만나지 못하게 했다. 그녀는 집안에서 도망 나와 바와 함께 산 속 깊이 들어가 숨어 살았다. 그녀의 아버지는 바가 자기 딸을 훔쳐 달아났다고 부족들을 이끌고 바의 마을을 공격했다. 산 위에서 친척들이 피 흘리며 싸우는 모습을 내려다보던 두 사람은 눈물을 머금고 각자의 마을로 돌아갔다. 헤어지면서 두 사람은 다음 세상에서는 반드시 아내와 남편의 연을 맺자고 맹세하고, 해마다 헤어지는 이날에 꼭 커우바이 산에서 다시 만나기로 약속했다. 그날이 바로 3월 27일이다.

그들은 약속대로 해마다 이별의 날에 산에서 만나 사무친 그리움을 달랬다. 그렇게 세월이 흘렀고 두 사람의 생이 끝날 때가 왔다. 마지막 날, 그들은 자신들이 만나던 바위 위에서 서로 껴안고 저세상으로 떠났다. 그날 역시 3월 27일이었다.

뒤늦게 두 사람을 찾아낸 마을 사람들은 두 사람의 장사를 지내고 '할머니 사당'과 '할아버지 사당' 두 개를 세웠다.

3월 27일, 시장이 열리는 날 아내와 남편은 질투하지 않는다. 부부는 함께 시장에 오지만 아무것도 사고팔지 않는다. 시장에 온 모든 사람은 자신의 옛사랑을 찾을 권리를 가진다. 남편은 할머니 사당에 향을 올리고 자신의 옛사랑을 숲으로 데려다 주기를 기도한다. 아내는 할아버지 사당에 향을 바치고 바위 아래에서 노래를 부르며 옛사랑을 기다린다.

— 김남일·방현석, 『백 개의 아시아』, 아시아, 2013.

이 이야기는 사건의 인과관계가 뚜렷하다. 두 사람의 도주는 두 소수민족 간의 싸움을 불러왔고, 이로 인한 싸움은 두 사람을 각자의 마을로 돌아가게 했다. 인간관계의 질서도 확연하다. 바와 저이족 아가씨의 사랑, 그것을 반대하는 부모와의 갈등은 비극적인 서사를 잉태한다. 인물의 내적 질서도 잘 드러나 있다. 두 사람은 가족과 이웃의 희생을 막기 위해 이별을 결심하고 그리움을 견딘다. 그러나 끝내 사랑을 저버리지도 못하고 포기하지도 않는다. 배경의 질서도 분명하게 제시되어 있다. 민족의 다름과 빈부의 차이는 두 사람의 사랑을 가로막는 배경의 질서를 이루고 있다.

여기에 마지막으로 더해지는 것이 매체의 질서가 구현하는 미학이다. 서사예술의 장르에 따라서 매체는 달라진다. 소설은 문장미학을 통해 매체의 질서를 구현한다. 영화와 드라마는 영상미학을 통해 매체의 질서를 구현한다. 뮤지컬은 노래와 연기를 통해 매체의 질서를 구현한다. 여기에서 소설과 시나리오, 텔레비전 드라마, 애니메이션, 뮤지컬의 길이 갈린다. 문자를 도구로 하는 소설가는 문장미학을 통해 매체의 질서를 최적화한다. 아무리 훌륭하게 인간관계와 캐릭터, 사건과 배경을 질서화해도 문장을 다룰 줄 모르면 소설은 성공할 수 없다. 영상을 도구로 매체의 질서를 구현하는 영화나 드라마 작가는 영상미학을 통해 매체의 질서를 최적화하는 능력이 필요하다. 문자로는 아주 뛰어나지만 영상이 가진 힘을 이끌어낼 수 없는 시나리오는 죽은 시나리오다. 훌륭한 소설가라도 바로 훌륭한 드라마 작가가 될 수 없는 이유가 여기에 있다. 무대와 배우의 역할을 극대화할 수 없는 대본으로 좋은 연극을 만드는 일은 불가능하다.

　구전 연희 형식으로 이어져 온 사랑시장 이야기는 노래를 통해 매체의 질서를 구현한다. 그리고 하나의 완성된 미학적 서사가 된다.

　　닭은 아침을 기다려서야 목청껏 울고
　　개울은 달이 뜨기를 기다려서야 졸졸 소리 내어 흐르고
　　저는 밤 시장이 오기를 기다려서야 사랑을 얘기하지요

　　먼 마을에서 온 여인이여
　　낯선 집에서 온 여인이여
　　그대 얼굴은 꽃처럼 곱네요
　　내 마음을 뜨겁게 달구네요

　　　　─ 김남일·방현석, 『백 개의 아시아』, 아시아, 2013.

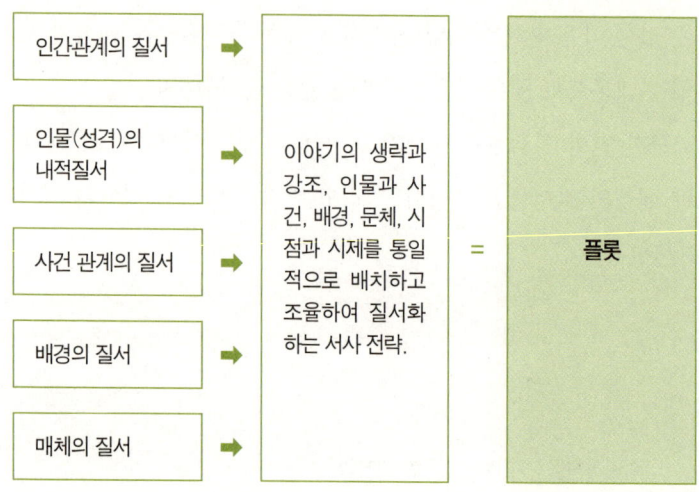

넓은 의미의 플롯

제3장

첫 장면은 서사예술의
시작이 아니다

첫 장면의 중요성
"첫 장면의 실패는 실패의 시작이다."

서사가 시작되는 곳에 첫 장면이 있다. 첫 장면으로 인해서 서사는 중간 과정을 거쳐 결말을 맺는다. 소설의 첫 장면은 독자가 그 소설의 서사를 만나는 첫 번째 지점이다. 영화의 첫 장면은 서사라는 물건을 들고 나온 감독과 관객이 만나 최초의 일 합을 겨루는 자리다. 첫 장면에 대한 관객의 반응이 시큰둥하다면 그 작품의 앞길은 몹시 어둡다. 첫인상을 좋게 심어주지 못한 사람이 상대방의 마음을 얻기란 어려운 법이다.

픽션은 허구의 세계다. 픽션이 펼쳐 보이는 세계는 우리가 사는 세계와 층위가 다른 세상이다. 동일시할 수 없다. 소설을 읽고, 영화나 드라마를 본다는 것은 우리가 사는 실제 세계를 벗어나 다른 세계를 여행하는 행위다. 그 영화나 소설이 준비한 서사의 세계로 진입하는 통로가 바로 첫 장면이다.

우리는 첫 장면을 통하지 않고서는 허구의 세계로 들어가지 못한다. 그런데 사람들은 누구나 새로운 세계, 다른 환경, 낯선 사람과 조우할 때 경계심과 두려움을 가진다. 들어갈까 말까, 만날까 말까, 망설이고 주저한다. 소중한 시간을 일부 내어줄 만한 일인지, 허탈하거나 불쾌한 경험은 아닌지, 의심하며 살핀다. 그래서 첫 장면이 독자의 의심과 경계심을 누그러뜨려야 작가는 독자를 픽션의 세계로 끌어들일 수 있다. 첫 장면이 실패하면 독자는 픽션의 세계로 진입하기를 거부한다.

필자가 대학 1학년 시절, 김동리 선생에게 소설을 배울 때 일이다. 선생은 학생의 작품을 한 페이지 이상 다루지 않을 때가 많았다. 당시의 한 페이지란 200자 원고지 한 장이다. 제목과 이름을 적고 나면 대략 두 문장 정도 쓰인 첫 페이지에 대해 얘기하다 보면 한 시간이 훌쩍 지나있었다. 학생들은 선생이 첫 페이지만 읽은 것은 아닌지 의심도 했지만, 시간이 지나 그 속내를 알게 되었다.

첫 문장, 첫 장면은 모든 것을 이야기하고 있다. 독자에게 첫 장면은 소설의 시작이다. 하지만 작가에게 첫 장면은 시작이 절대 아니다. 작가에게 첫 장면이란 소설 쓰기의 준비가 완료된 다음이다. 첫 장면을 쓴다는 것은 소설 쓰기의 준비를 마쳤다는 의미이다. 그러므로 첫 장면은 소설 전체를 함축하고 규정한다.

작가가 첫 장면을 쓸 때는 이미 끝 장면이 준비되어 있다. 물론 중간에 대한 구상도 마련되어 있다. 즉, 작가가 소설의 첫 장면을 쓴다는 것은 이미 소설의 내용과 방법론에 대한 구상이 완료되었다는 뜻이다. 소설 쓰기의 마지막 채비를 마친 작가가 독자와 조우하는 지점에서 독자를 붙잡지 못하면 끝이다. 그래서 첫 장면은 독자에게는 시작이지만 작가에게는 소설쓰기의 마지막에 해당된다.

큰 의미에서 플롯은 서사 전략이다. 이야기를 어떻게 만들고 어떤 성과를 거두겠다는 방법과 목표가 서사 전략이다. 이것은 전쟁을 앞둔 총사령관의 전략과 전술에 비할 수 있다. 승리를 확신하는 전략과 전술을 세우지 않고 전투 개시 명령을 내리는 총사령관은 없다. 각 전선에 병력은 어떻게 배치하고, 화기는 무엇을 동원하고, 공격은 몇 시에 어느 지점부터 시작할 것인가? 어떤 경로를 통해 목표한 지점을 점령하겠다는 진격 동선, 물자와 병력을 언제 어디서 지원받겠다는 계획을 수립한 다음에야 총사령관은 공격을 개시한다. 부대원의 죽음과 패배를 뻔히 내다보면서 막무가내로 전쟁을 시작하는 총사령관은 없다.

작가와 감독은 서사를 지휘하는 총사령관이다. 이야기를 어디에서 시작해서 어디를 거쳐 어디에서 끝내겠다는 구상을 하고, 적합한 인물과 사건을 필요한 지점에 배치한다. 인물들이 통과할 지점의 자연환경과 사회 조건에 따른 장애물을 예측하고 돌파할 방법을 강구한다. 가파른 서사에 탄력을 줄 에피소드도 준비해야 한다. 어떤 문장을 쓸 것인지를 정하는 것도 중요하다. 유려한 문체로 갈 것인지, 건조한 문체로 갈 것인지, 아니면 하드보일드하게 갈 것인지를 정해야 한다. 그런 다음에야 첫 장면이 탄생한다. 아니면, 쓰고 지우기를 반복하면서 첫 장면을 완성한다.

다시 말해, 첫 장면에는 서사의 전체가 다 담겨 있을 수밖에 없다. 그러니 첫 장면을 그르친 소설과 영화가 실패할 확률은 9할이 넘는다. 서사 전체에 대한 구상이 전부 녹아있는 첫 장면을 실패하고도 그것의 확장인 작품이 성공한다는 것은 기적에 가깝다. 김동리 선생이 첫 한두 문장을 가지고 한 시간을 강의한 것은 바로 그런 이유에서였다. 첫 문장, 첫 장면만으로도 작가의 역량과 작품의 문제점이 무언지 충분히 예측할 수 있기 때문이다.

문예지나 신문사 문예공모 심사의 경우, 심사위원 한 명당 수십에서 수백 편의 작품이 할당되기도 한다. 그것을 하루 만에 다 읽기도 한다. 물론 심사위원은 투고자의 열정을 생각하며 최대한 꼼꼼하게 작품을 읽으려 하지만, 모든 작품을 다 세밀하게 볼 수는 없다. 모든 작품이 어느 부분에선가 의미를 지니고 있겠지만 그것을 찾아내고 느긋하게 감상하는 시간이 심사위원에게 주어지진 않는다. 상대적으로 가장 나은 작품을 골라내는 것, 이것이 그들에게 맡겨진 소임이다. 가장 나은 작품을 골라내는 데 심사위원에게 주어진 시간이 저녁까지라면, 아주 뛰어난 심사위원은 점심 즈음 소임을 마치기도 한다. 짧은 시간 내에 고른 작품이니 허술하지 않겠느냐 생각할 수도 있지만, 실패는 드물다.

어떻게 그 많은 작품을 그토록 빨리 다 읽었을까? 많은 작품이 첫 페이지에서 탈락한다. 덮어버리기로 마음먹는 데 채 일 분이 걸리지 않을 수도 있다. 자기 몫의 심사를 일찌감치 끝낸 심사위원들은 이렇게 말한다.

"위스키를 바닥까지 다 마셔봐야 맛을 아느냐? 한 방울만 맛을 봐도 좋은 위스키와 나쁜 위스키는 충분히 구별할 수 있다."

한 편의 서사가 제대로 만들어졌는가는 첫 장면만 마주해도 충분히 알 수 있다. 노파심에 첫 장면에 실패한 작품의 마무리를 살펴보는 경우도 있지만, 대체로 별 볼일이 없다. 그렇다면 작품이 실패할 확률은 말할 필요도 없다. 그래도 혹시, 중간에 뭔가 엄청난 것이 숨겨져 있는 것은 아닐까 하고 펼쳐보기도 한다. 그런데도 심사위원을 사로잡지 못한다면 완벽하게 실패한 작품이다. 첫 장면에서 멈출 수 없고 다음 장면에서 뭔가 기대하게 한다면, 그제야 심사위원은 허리를 곧추세우고 긴장해서 읽기 시작한다. 서사를 오래 다뤄본 사람들은 첫 장면 속에 중요한 것이 다 담겨있다는 것을 분명히 안다.

애써 작품을 쓴 사람은 자신의 작품이 끝까지 읽히지도 않는다는 사실에 억울할 수도 있겠지만, 첫 장면에 실패했다면 당연한 결과다. 물론, 심사위원의 취향이나 가치관에 따라 당선작은 달라질 수 있다. 하지만 일정한 수준에 오른 작품이 아니면 절대 당선작이 될 수 없다.

일단, 완결된 서사로서의 기본 덕목을 갖춰야만 경합의 대상이 된다. 심사위원의 취향과 가치관에 의해 당락이 달라지는 것은 그다음이다. 기본을 갖추지 않은 채 운으로 당선되는 일은 없다. 운이라고 하는 것은 일정한 수준에 올라선 다음의 문제다. 많은 사람들이 자기 실력이 빼어나는데도 운이 없어서 계속 떨어진다고 생각하는데, 실제는 그렇지 않다. 어떤 출판사나 신문사가 좋은 작가를 배출하고 싶어 하지 않겠는가. 모든 편집자와 심사위원은 좋은 작품을 발굴하기 위해 애쓴다.

그래도 장편 서사는, 서사의 우여곡절이 풍부한 장편 서사에서는 첫 장면이 차지하는 비중이 적지 않을까? 결론부터 말하면, 그렇지 않다. 물론, 사정이 조금 다르긴 하다. 장편 서사의 심사를 맡은 심사위원에게는 큰 사과 상자 하나 가득 작품들이 배달된다. 그 작품들 안에 무엇이 담겨 있을 줄 알고 첫 장면을 보고 예단할 수 있겠는가? 그러나 다행스럽게도 장편에는 줄거리가 첨부되어 있다.

줄거리만 읽어보면 그 서사가 담고 있는 내용은 거의 파악할 수 있다. 줄거리를 잘 요약하지 못한 경우도 있지 않을까? 두 장짜리 줄거리조차 매혹적으로 다듬지 못하는 사람은 이야기를 제대로 다루지 못하는 사람이다. 줄거리를 읽으면 최소한, 그 안에 담긴 내용에 다가가고 싶은 마음이 들도록 해야 한다. 뛰어난 이야기꾼은 대하드라마를 한마디로 요약할 줄 알아야 한다. 그것을 할 수 없는 사람이 자기 이야기를 매혹적으로 극대화하기란 어렵다.

줄거리는 내용에 관한 정보를 제공한다. 그 내용을 다루는 미학적 능력에 대한 판단은 첫 장면으로 넘어간다. 심사위원들은 첫 장면을 읽으면서 줄거리가 어떻게 구현되는지 확인한다. 줄거리는 거창하게 포장하고 유려하게 화장했는데 실제는 엉망인지, 혹은 줄거리를 정리하는 능력은 다소 부족하지만 세부를 구축하는 능력은 뛰어난지 판단한다. 장편 서사 역시, 줄거리와 첫 장면 모두 미숙하다면 그 장편 서사는 성공하기 어렵다. 그래도 긴 이야기를 지어냈을 때는 뭔가 말하고자 한 바가 강렬하게 있었을 것이고, 그것은 마지막 장면에 담겨 있기 마련이다. 마지막 장면을 읽어봐도 거창한 줄거리에 못 미친다면 그 작품은 실패가 거의 확실시 된 것이다. 혹여 성공의 가능성이 중간에 숨어있지는 않을까 하고 줄거리에서 매혹적으로 읽혔던 부분을 찾아보았는데도 희망을 발견할 수 없다면, 그 작품은 끝이다.

영화 시나리오라고 다를 리 없다. 영화사와 투자사에는 시나리오가 쉼 없이 들어온다. 제작자와 투자자는 그 모든 시나리오를 끝까지 다 읽을 수 없다. 시놉시스와 첫 씬에서 계속 읽을 것인지 말 것인지가 대부분 결정된다.

이렇게 서사예술에서 첫 장면은 압도적인 중요성을 가진다. 성경에는 '비록 네 시작은 미약하였으나 마지막은 창대하리라'라는 말씀이 있다. 그러나 첫 장면에서 독자를 매혹하는 데 실패한 소설과 드라마가 마지막에서 창대하게 성공할 확률은 거의 없다. 첫 장면은 전체의 첫걸음일 뿐만 아니라 전체의 압축이기 때문이다.

첫 장면의 역할

첫 장면의 중요성은 그 자체로서가 아니라, 전체 서사에서 첫 장면이 차지하는 기능과 역할, 그 효과를 포괄하여 설명해야 한다. 작품 속에서 첫 장면이 어떤 역할을 수행했으며, 마무리와 어떻게 맞물리는가? 첫 장면이 어떻게 다음 이야기를 유발하고 서사의 발전에 결정적인 기능을 하는가. 또, 중심 사건에서 어떤 단서로 기능하는가? 첫 장면은 이 모든 역할을 수행해야 한다.

첫 장면의 성공 여부를 판단할 때도 작품의 전개과정과 결말을 함께 살펴야 한다. 첫 장면을 멋지게 시작했으나 이어지는 내용과 무관하다면 독자를 기만한 것이다. 흥미로운 첫 장면이 반드시 훌륭한 첫 장면일 수 없는 이유다.

첫 장면이 실패하면 끝 장면도 실패할 확률이 높다. 반면, 첫 장면이 그럴듯하다고 해서 그 작품의 성공 확률이 대단히 높아지는 것은 아니다. 그 뒤에도 풀어야 할 많은 숙제가 놓여있기 때문이다. 첫 장면과 달리 지리멸렬한 마지막 장면이 기다리고 있다면 상황은 더욱 심각하다. 그러므로 작품의 첫 장면이 끝 장면과 어떤 관련을 맺고, 서사가 발전하는 데 어떠한 역할을 하는지를 주의 깊게 살펴야 한다.

첫 장면이 전체 서사를 어떻게 매력적으로 만들어내는가를 잘 보여주는 예시로 네팔의 오래된 민담인 「죽음은 왜 보이지 않는가」를 들 수 있다. 삶과 죽음에 대한 통찰력을 보여주는 이 민담은 안나푸르나 산맥 일대의 고산지역에 사는 소수민족인 구릉족에게 전해 내려오는 이야기다. 구릉족은 영국이나 싱가포르 등의 용병으로 국제사회에서 유명한데, 네팔 전체 인구의 3퍼센트에 불과하다. 그들의 민담 「죽음은 왜 보이지 않는가」의 시작은 이렇다.

> 구릉족의 한 노인이 산에 땔감을 하러 갔다 돌아오는데 너무 힘들고 목이 말라서 쉬어가기 위해 지게를 내려놓았다. 그런데 다시 지게를 지려고 하니까 꼼짝도 하지 않았다.
>
> ─ 김남일·방현석, 『백 개의 아시아』, 아시아, 2013.

구릉족 노인에게 이상한 사건이 벌어졌다. 다양한 궁금증을 유발하는 상황이 제기된 것이다. 이 상황은 어떻게 전개될 것인가? 이 상황이 이야기로 발전하려면 다음 장면은 무엇이 되어야 할까? 노인이 지게를 버리고 집에 가버린다면 해프닝에 그칠 것이다. 이 사건은 어떤 사태로 발전할 것인가? 이 물음에 대한 대답은 전개 과정에 준비되어 있다.

> 노인은 땔감을 팔아서 생계를 연명하는 사람인데 지게가 말을 듣지 않자, 우리 같은 사람은 어떻게 살라고 이러느냐, 죽음은 뭐하느라 나 같은 늙은이를 데려가지도 않느냐며 한탄했다. 그러자 한 사람이 나타나 말했다.
> "왜 나를 찾수?"
> "난 당신을 찾은 적이 없소."
> "아, 당신이 죽음을 찾았잖소. 내가 바로 죽음이야."
> 죽음이 말했다.
> "내가 생명이 다한 인간을 어떻게 데려가는지 보여줄게."
> 죽음이 팔을 크게 휘두르자 다른 세상이 펼쳐졌다. 죽음은 돌멩이를 들어서 숨이 넘어가려는 여자를 향해 돌을 던졌다. 그러자 여자의 숨이 끊어졌다.

"나는 이렇게 생명이 다한 인간을 데리고 가지."

노인은 화들짝 놀라며 둘러댔다.

"아, 그러니까 저를 데려가라는 게 아니고 이 지게나 들게 도와달라는 것이었습죠."

죽음은 노인이 지게를 질 수 있도록 들어주었다. 노인은 발길을 돌리려는 죽음을 붙잡고 물었다.

"죽음님, 내가 앞으로 몇 년이나 더 살 것 같습니까?"

죽음은 오른손을 펼쳐 보였다.

"5년"

― 김남일·방현석, 『백 개의 아시아』, 아시아, 2013.

노인은 이런 상황에서 누구나 얼마든지 할 법한 신세타령을 늘어놓았다. 그러나 사건의 전개는 누구에게나 얼마든지 닥칠 법한 일이 아니다. 갑작스레 죽음이 등장한 것이다. 노인은 경솔한 신세타령으로 인한 죽음만큼은 간신히 면했지만 자신에게 남겨진 생이 고작 5년이라는 것을 알게 되었다. 이로 인해 서사는 다른 국면을 맞는다. 이제 어떻게 대처할 것인가?

집으로 돌아온 노인은 그날부터 아주 큰 나무의 속을 파내고, 그 안에 집을 짓기 시작했다. 공기 한 점, 물 한 방울 들어가지 않는 아주 멋진 집을 완성했다. 그 사이 5년의 세월이 흘렀고, 노인을 데려가기 위해 죽음이 찾아왔다. 노인은 죽음에게 한 가지 부탁이 있다고 했다.
"나를 데리고 가기 전에 내가 만든 집이나 한번 구경하시지요."
큰 나무 안에 만든 집으로 죽음을 데리고 들어간 노인은 죽음에게 잠깐만 기다리라 하고 밖으로 나와서 문을 잠가 버렸다. 죽음은 꼼짝없이 갇혀버렸다.

— 김남일·방현석, 『백 개의 아시아』, 아시아, 2013.

노인은 자신이 공들여 지은 집에 죽음을 가두었고, 신이 세운 질서를 마비시켰다. 사태는 정점에 도달했고 이야기는 전환의 기로에 섰다. 인간이 신의 권능에 도전한 결과는 어떻게 될 것인가?

신들은 난리가 났다. 그날 이후로 죽는 인간이 없었던 것이다. 아무도 죽지 않았다. 그래서 신들은 생명의 신인 비슈누를 보내어 사태를 수습하라고 명했다.

비슈누는 노인을 찾아갔다. 죽음을 가둔 노인의 인생은 무료했다. 아무도 죽음에 대해 묻는 사람이 없었다. 피곤하고 지루한 하루하루를 보내고 있는데 비슈누가 찾아와 생명의 성수 한 방울로 노인의 기력을 회복시켜 주었다. 그러자 노인은 죽음을 가둬놓은 문을 열어주었다. 그 속에는 거의 숨이 넘어가기 직전의 죽음이 있었다. 비슈누는 생명의 성수를 먹여 기력이 쇠한 죽음을 회복시켜 다시 자신의 일을 계속하라고 했다. 그러나 죽음은 인간의 목숨을 거두어가는 일을 하기를 거부했다.

"더 이상 이 일은 못 해먹고 살겠다. 위엄 하나 없는 나의 꼴을 봐라. 목숨 거둬가는 일 따위 이제는 하지 않겠다."

그 말을 들은 비슈누는 죽음을 설득했다.

"자네가 일을 하지 않으면 세상의 질서는 어찌 되겠는가?"

한참을 고민한 죽음은 입을 열었다.

"그럼, 한 가지 문제를 해결해주시오. 내가 사람들의 눈에 보이는 바람에 이 수모를 겪었으니 앞으로는 사람들이 나를 보지 못하도록 해주시오."

> 그래서 그 뒤로 죽음은 사람을 볼 수 있지만, 사람은 죽음을 볼 수 없게 되었다.
>
> ─ 김남일·방현석, 『백 개의 아시아』, 아시아, 2013.

노인은 기력을 회복하는 대가로 죽음을 풀어주었다. 위엄을 잃어버린 죽음은 더 이상 인간의 목숨을 거두지 않겠다고 말한다. 그리고 인간이 신의 권능에 도전할 수 없도록 죽음의 모습이 보이지 않게 만드는 것으로 이야기가 마무리되었다.

이 민담의 첫 장면에서 노인 앞에 나타난 인물이 죽음이 아니라 마음씨 착한 청년이었다면 어찌 되었을까? 그가 노인의 지게와 땔감을 옮겨주고 그에 감동한 노인이 자신의 손녀와 결혼을 시켜 모두 행복하게 살았다면, 이 이야기는 서사예술이 될 수 없다. 시작과 끝은 있지만 중간이 없기 때문이다. 첫 장면의 이야기가 발전하고, 갈등을 거쳐 결말에 도달하는 과정이 없으면 서사예술도 없다. 시작과 끝, 그리고 사이를 잇는 매혹적인 과정이 없는 이야기는 서사예술이 아니다.

시작과 끝을 잇는 매혹적인 과정은 전개와 갈등에서 비롯된다. 학창시절, 국어 선생님이 재미도 없는 기승전결을 줄기차게 강조했던 이유가 여기에 있다. 기승전결은 그냥 존재하는 것이 아니다. 단순한 이야기가 유기적인 서사로 직조되는 필수 과정이다.

당연한 말이지만, 그 기승전결의 출발점은 첫 장면에 있다. 그리고 첫 장면은 아홉 가지 유형으로 분류할 수 있다.

제4장

첫 장면의
아홉 가지 유형

독자를 마중하는 첫 장면

독자와 관객에게 첫 장면은 실제 세계에서 서사 세계로, 논픽션의 세계에서 픽션의 세계로 존재를 옮기는 지점이다. 반면, 작가나 감독에게 첫 장면은 자신이 구축할 서사에 대한 계획을 수립한 다음, 초대에 응한 독자를 맞이하는 지점이다.

그래서 첫 장면은 독자나 관객이 실제 세계와 서사 세계 사이에 놓인 경계에서 자연스럽게 서사의 세계로 진입할 수 있도록 유도해야 한다. 상당수의 서사 작품들은 흔히 익숙하고 편안한 일상이나 정경 묘사로 시작하는데, 이런 방법이 의도하는 바는 독자들의 경계심을 푸는 것이다.

독자들의 경계심을 누그러뜨리는 첫 장면은 배경 제시형, 일상 제시형, 인물 제시형, 회상형, 전체 압축형으로 나눌 수 있다. 이 다섯 가지 유형의 특징과 대표적인 작품을 살펴보면 다음과 같다.

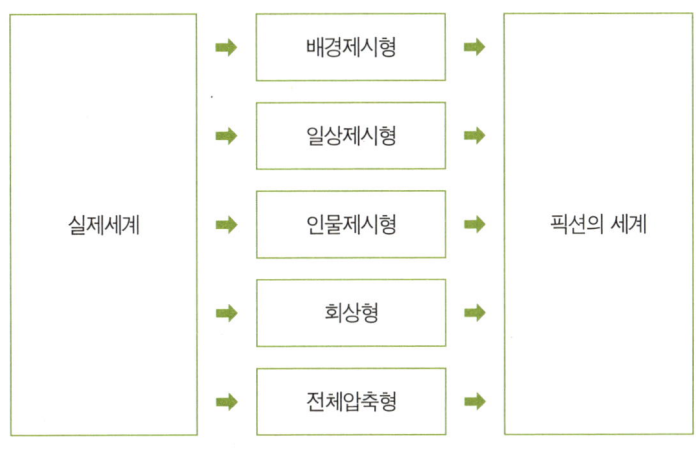

독자를 미중하는 첫 장면의 다섯 가지 유형

배경 제시형

배경 제시형 첫 장면은 사건이 벌어질 시·공간에 대한 설명과 묘사로 이뤄진다. 여기서 형상화된 정조는 서사 전체의 분위기를 결정한다. 간혹, 밝음과 어둠이나 조용함과 소란스러움 등 정조의 대비를 통해 서사의 긴장감을 높이는 경우도 있다.

배경 제시형을 이용한 대표적인 작품은 가와바타 야스나리의 『설국』, 톨스토이의 『부활』, 바오 닌의 『전쟁의 슬픔』, 조정래의 『태백산맥』 등을 들 수 있다.

대하소설 『태백산맥』은 자못 감상적이기까지한 배경묘사로 그 유장한 서사를 시작한다. 역사의 소용돌이 속으로 독자를 끌고 갈 작심을 단단히 한 작가는 시침을 떼고 기러기 떼 울며 날아가는 갈대숲을 보여준다. 잔잔한 그믐밤의 풍경 속에 젖어 들던 독자는 곧 그것이 태풍이 불어 닥치기 직전의 고요와 같은 것이었음을 깨닫게 된다.

언제 떠올랐는지 모를 그믐달이 동녘 하늘에 비스듬히 걸려 있었다. 밤마다 스스로의 몸을 조금씩 조금씩 깎아내고 있는 그믐달빛은 스산하게 흐렸다. 달빛은 어둠을 제대로 사르지 못했고, 어둠은 달빛을 마음대로 물리치지 못하고 있었다. 달빛과 어둠은 서로를 반반씩 섞어 묽은 안개가 자욱이 퍼진 것 같은 미명을 만들어내고 있었다. 그 아슴푸레함 속으로 바닷물이 실려 있는 포구와 햇솜 같은 흰 꽃의 무리를 이루고 있는 갈대밭이 아득히 멀었다. 바닷가를 따라 이어지고 있는 긴 방죽 위의 길은 희끄무레한 자취를 이끌며 뻗어나가고 있었다. 그 끝머리에 읍내가 잠들어 있었다. 읍내 너머의 들녘이나 동네는 켜켜이 싸인 묽은 어둠의 장막에 가려 자취가 없었다.

끼룩, 끼룩, 끼룩…….

문득 기러기 떼의 울음소리가 깨며 파문을 일구었다. ㅅ자를 옆으로 누인 대형을 이루며 기러기떼가 동쪽으로 날아가고 있었다. 그다지 높게 뜨지 않은 것으로 보아 철교쯤의 갈숲에서 날아오른 모양이었다. 어느 사냥꾼의 위험스런 그물을 피해 새벽잠을 팽개친 피난길인지도 모른다. 기러기가 날고 있는 방향으로는 바다가 넓어지고 갈대 숲도 한결 깊었다. 기러기 떼는 유리알처럼 맑고 투명한 음향의 울음을 허허한 공간에 쉼 없이 뿌리며 지혜롭게 느껴지는 대오를 정연하게 지어 날아가고 있었다.

갈숲이 희디흰 꽃더미로 나부끼고, 그 속에 기러기며 또다른 철새가 깃들이면 어느덧 가을은 깊어져 있었다. 그때쯤이면 방죽을 따라 질펀하게 펼쳐진 들녘도 황금의 옷을 빼앗기고 황량하게 변하게 마련이었다.

— 조정래, 『태백산맥』 1권, 해냄출판사, 2012, 11-12쪽.

배경 제시형 첫 장면을 채택한 영화로는 조 라이트 감독의 《오만과 편견》, 롭 마샬 감독의 《시카고》, 웨스 앤더슨 감독의 《다즐링 주식회사》, 로버트 와이즈 감독의 《사운드 오브 뮤직》이 대표적이다.

1978년에 개봉한 영화 《사운드 오브 뮤직》은 주인공 마리아

사운드 오브 뮤직

(줄리 앤드류스)가 두 팔을 펼치고 노래를 부르는 장면으로 시작된다. 어깨 너머로 펼쳐지는 오스트리아의 아름다운 자연은 마리아의 때 묻지 않은 심성과 활달한 성격에 잘 어울린다. 이 장면은 말괄량이 수녀 마리아가 자신에게 맡겨진 일곱 명의 아이들과 함께 맞이 할 낙관적인 미래를 암시한다. 오스트리아의 풍광만큼 맑으면서도 생동감 넘치는 마리아가 마음을 닫아버린 일곱 아이들을 노래로 바꿔놓는다.

그러나 마리아와 일곱 아이, 아이들의 아빠인 게오르그 폰 트랩 대령(크리스토퍼 플러머)의 행복한 일상은 제2차 세계대전의 발발로 위기에 처한다. 트랩 대령은 독일군을 피해 마리아와 일곱 명의 아이들을 데리고 밤중에 몰래 저택을 떠난다. 하지만 그들은 독일군에게 붙잡히게 되고, 마리아는 대령의 가족을 구하기 위해 기지를 발휘한다. 음악회에 출전하게 되었다는 핑계가 주효했다. 결국 첫 장면에서 보여준 마리아의 노래가 그들을 사지로부터 구하고 스위스로 떠날 수 있게끔 한 것이다.

일상 제시형

일상 제시형 첫 장면은 인물이 어떤 사건에 던져지기 전의 모습을 객관적인 시선으로 묘사한다. 대체로 익숙하고 편안한 일상이 그려지는데, 이 경우 독자나 관객은 서사 세계로 들어가는 일에 주저하지 않는다. 하지만 이후, 일상 유지와 일상 파괴의 경계에서 독자와 관객들은 더 깊숙한 서사 세계로 빨려 들어간다.

일상 제시형의 대표적인 문학 작품으로는 조지 오웰의 『동물농장』, 오정희의 「동경」, 박경리의 『토지』 등을 꼽을 수 있다.

대하소설 『토지』의 첫 장면은 한가위 날의 일상을 담담하게 묘사한다. 독자는 작가가 제시하는 차분한 일상을 따라서 경계심 없이 작품 속으로 걸어들어 간다. 하지만 작가는 이미 장차 한 여인이 감당해야 할 우여곡절과 민족의 파란만장한 운명을 단단히 준비해두었다.

1897년의 한가위.

까치들이 울타리 안 감나무에 와서 아침 인사를 하기도 전에, 무색 옷에 댕기꼬리를 늘인 아이들은 송편을 입에 물고 마을길을 쏘다니며 기뻐서 날뛴다. 어른들은 해가 중천에서 좀 기울어 질 무렵이래야, 차례를 치러야 했고 성묘를 해야 했고 이웃끼리 음식을 나누다 보면 한나절은 넘는다. 이때부터 타작마당에 사람들이 모이기 시작하고 들뜨기 시작하고—남정네 노인들보다 아낙들의 채비는 아무래도 더디어지는데 그럴 수밖에 없는 것이 식구들 시중에 음식 간수를 끝내어도 제 자신의 치장이 남아 있었으니까. 이 바람에 고개가 무거운 벼이삭이 황금빛 물결을 이루는 들판에서는, 마음놓은 새떼들이 모여들어 풍성한 향연을 벌인다.

"후우이이— 요놈의 새떼들아!"

극성스럽게 새를 쫓던 할망구는 와삭와삭 풀발이 선 출입옷으로 갈아입고 타작마당에서 굿을 보고 있을 것이다. 추석은 마을의 남녀노유, 사람들에게뿐만 아니라 강아지나 돼지나 소나 말이나 새들에게, 시궁창을 드나드는 쥐새끼까지 포식의 날인가 보다.

빠른 장단의 꽹과리 소리, 느린 장단의 둔중한 여음으로 울려 퍼지는 징 소리는 타작마당과 거리가 먼 최 참판댁 사랑에서는 흐느낌같이 슬프게 들려온다. 농부들은 지금 꽃 달린 고깔을 흔들면서 신명을 내고 괴롭고 한스러운 일상(日常)을 잊으며 굿놀이에 열중하고 있을 것이다. 최 참판댁에서는 섭섭잖게 전곡(錢穀)이 나갔고, 풍년에는 미치지 못했으나 실한 평작임엔 틀림이 없을 것인즉 모처럼 허리끈을 풀어놓고 쌀밥에 식구들은 배를 두드렸을 테니 하루의 근심은 잊을 만했을 것이다.

이날은 수수개비를 꺾어도 아이들은 매를 맞지 않는다. 여러 달 만에 소증(素症) 풀었다고 느긋해하던 늙은이들은 뒷간 출입이 잦아진다. 힘 좋은 젊은이들은 벌써 읍내에 가고 없었다. 황소 한 마리 끌고 돌아오는 꿈을 꾸며 읍내 씨름판에 몰려간 것이다.

— 박경리,『토지』1부 1권, 나남, 2011, 39-40쪽.

일상 제시형 첫 장면은 드라마나 영화에서도 흔히 쓰인다. 오수연이 극본을 쓰고 윤석호가 연출한 드라마 《가을 동화》의 첫 장면에선 한 남매의 평화로운 일상이 그려진다. 주인공 은서(문근영)와 준서(최우혁)는 어떤 남매들보다 우애가 돈독하다. 이

가을 동화

남매의 일상은 주변에서 지켜보는 극 중 인물들뿐 아니라 시청자의 마음마저 따뜻하게 만든다.

그러나 이들의 행복한 일상은 은서가 남의 집 아이라는 사실이 밝혀지면서 더 이상 유지되지 못한다. 서로 피 한 방울 섞이지 않은 사이인 것이 확인되고 은서는 친부모에게 보내진다. 《가을 동화》에서 가장 소중한 순간은 바로 은서와 준서가 남매로 우애를 나누며 살던 일상이다. 일상의 파괴는 그들에게 닥친 가장 큰 비극이 된다. 이 평화로운 일상과 파괴된 일상의 극적인 대비는 관객을 서사의 세계로 잡아끄는 강력한 힘이 된다.

인물 제시형

인물 제시형 첫 장면은 인물의 성격을 단적으로 알 수 있는 장면을 보여줌으로써 독자와 관객에게 앞으로 벌어질 사건을 짐작게 하고 사건의 전개에 개연성을 부여한다. 이러한 첫 장면을 채택한 서사들은 인물의 성격이 운명을 지배한다.

인물 제시형의 대표적인 작품으로는 존 쿳시의 『추락』, 마거릿 미첼의 『바람과 함께 사라지다』, 귀스타브 플로베르의 『보바리 부인』, 윤흥길의 『완장』 등이 있다.

권력의 폭력성을 풍자한 소설인 『완장』에는 온갖 행세하기 좋아하는 인간을 첫 장면에 등장시킨다. 어쩌면 주변에서 익숙하게 보아왔을 인간형을 도입부터 제시함으로써 독자는 아무런 저항 없이 공감과 동의를 하게 된다.

> 그해 이른 봄부터 이곡리(利谷里) 일대를 온통 휘젓고 다니며 마냥 으스대는 종술(鍾銶)의 모습은 참으로 가관이었다. 물론 종술의 성깔을 익히 아는 이곡리 주민들은 그의 행패가 두려워서 감히 맞대놓고 그를 어쩌지는 못했다. 주민들은 그저 먼발치에서 그의 뒷모습을 겨

냥하며 주먹으로 쑥덕감자를 먹이기도 하고 혓바닥을 날름 내밀어 보이기도 할 뿐이었다. 그런 줄도 모르고 그는 구름 의자에라도 앉은 것같이 더욱 거드름을 피우고 다녔다.

그 자신이 생각하는 임종술과 마을사람들이 보는 임종술 사이에는 사실 엄청난 차이가 있었다. 그는 자기가 마치 때까치 종류에서 하루아침에 보라매 같은 당당한 모습으로 탈바꿈한 양 굳게 믿었다. 반면에 사람들은 때까치이던 그가 물까마귀쯤으로 바뀌었다고 생각하는 편이었다. 그들은 때까치 시절의 종술이가 그래도 사람꼴에 가까웠다고 회고하곤 했다.

임종술이 이곡리와 앙죽리(仰竹里), 그리고 법계리(法界里)에 옴팍 둘러싸인 판금(板琴) 저수지의 감시원으로 활약하게 된 경위는 다음과 같다.

— 윤흥길, 『완장』, 현대문학, 2002, 9-10쪽.

첫 장면을 인물 제시형으로 시작하는 영화는 임상수 감독의 《봄날은 간다》와 스텐리 큐브릭의 《시계태엽 오렌지》를 꼽을 수 있다.

1971년에 개봉한 영화 《시계태엽 오렌지》의 첫 장면은 내레이션을 이용해서 주인공인 알렉스(말콤 맥도웰)란 인물을 제시한다. 그리고 영상은 코로바 밀크바에서 마약을 섞은 우유 잔을 들고 부하들과 나란히 앉아 있는 알렉스를 비춘다. 알렉스는 내레이션을 통해서 그날 자신이 부하인 피트, 조지, 그리고 딤과 함께 저녁에 할 짓을 모의 중이었다고 말한다. 잠시 뒤, 알렉스 일당은 지하도에서 "형제들이여! 내게 한 푼만 보태주오"라고 노래하는 주정뱅이 노숙자를 폭행한다. 영화《시계태엽 오렌지》는 이렇게 첫 장면에서 알렉스와 그의 일당이 어떤 청소년들인지 제시하고, 앞으로도 다양한 범죄행위를 벌여나가게 될 것임을 예고한다.

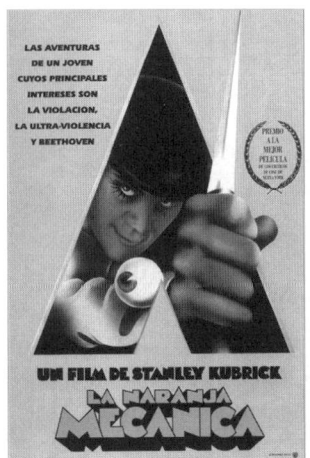

시계태엽 오렌지

회상형

모든 이야기의 본성은 지나간 일들에 대한 회상이다. 그래서 작가들에게 회상의 형식이란 이야기의 본성을 지나치게 드러내는, 상투적인 형식으로 여겨진다. 대다수 작가들은 회상형 첫 장면의 사용을 가능한 한 피하지만, 뛰어난 작가들은 이 낡은 형식을 사용하여 소박하고 진솔한 회상의 효용성을 극대화한다. 이 회상형 첫 장면을 이용한 대표적인 작품으로는 무라카미 하루키의 『상실의 시대』, 르 끌레지오의 『사막』, 밀란 쿤데라의 『농담』 등을 들 수 있다.

밀란 쿤데라의 소설 『농담』은 15년 만에 고향으로 돌아오는 주인공 루드빅의 회상으로 첫 장면을 시작한다. 그러나 밀란 쿤데라는 주인공 루드빅에게 가벼운 감상을 허락하지 않는다. 회상이 흔히 불러일으키는 감상을 배제하는 것, 이것이 쿤데라가 사용한 회상형 첫 장면의 방법론이다.

> 그렇게, 여러 해가 지난 후에, 나는 고향에 와 있었다. 중앙광장(어린 아이로, 소년으로, 그리고 청년으로 수없이 지나다녔던)에 서서 나는

아무런 감정도 느끼지 못했다. 다만 지붕들 위로(투구를 쓴 독일 병사 같은) 망루가 높이 솟아 있는 이 장소는 널따란 연병장을 연상시킨다는 생각이 들었을 뿐이었다. 그리고 이 도시 모라비아가 예전에는 군사상으로 마자르와 터키인들의 침입에 대비한 성채 역할을 했던 사실이 이 도시의 얼굴에 도저히 돌이킬 수 없는 추악한 낙인을 새겨놓았다는 생각을 하였다.

여러 해 동안 나를 내 고향으로 이끌어준 것은 아무것도 없었다. 나는 이 도시에 아무런 관심이 없어졌다고 생각했다. 그리고 그것은 당연한 것 같았다. 벌써 15년 전부터 다른 곳에 살고 있었고, 이곳에는 이제 아는 사람도 친구도 몇 없었던 것이다(남아 있는 친구도 피하고 싶다). 어머니도 내가 돌보지 않는 낯선 무덤 속에 묻혀 있었다. 하지만 나는 스스로를 속이고 있었다. 내가 무관심이라 불렀던 것은 실은 원한이었던 것이다.

— 밀란 쿤데라, 『농담』, 민음사, 2012, 9-10쪽.

동일한 유형의 첫 장면을 사용한 영화로는, 브래드 피트가 주연한 《가을의 전설》을 꼽을 수 있다. 《가을의 전설》은 원스텝(고든 투투시스)이란 인디언이 평생에 걸쳐 자신이 지켜보았던 러

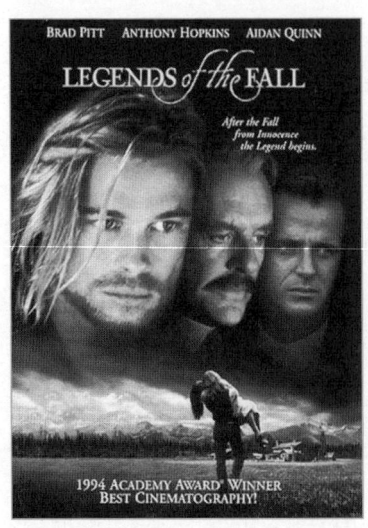

가을의 전설

드로우 일가의 일대기를 회상하는 형식으로 이야기를 끌어간다. 원스텝은 첫 장면의 회상을 통해, 트리스탄(브레드 피트)의 출생과 성장 과정에 관해 말한다. 그리고 트리스탄의 아버지인 대령 러드로우(안소니 홉킨스)가 퇴역하게 된 이유를 설명한다. 대령 러드로우는 인디언의 학살을 그만두고 잔인한 세월을 잊기 위해서 군대를 나온다. 원스텝의 회상은 러드로우 일가로부터 받은 편지로 이어져 일대기를 재구성한다. 이처럼 회상형 첫 장면은 시공간에 제약받지 않고 관객에게 정보를 제공하는 데도 유용하다.

전체 압축형

전체 압축형 첫 장면은 서사 전체의 문제의식을 아우르는 질문을 독자에게 던지거나 은유하는 형식을 띠고 있다. 대표적인 작품으로는 김훈의 『남한산성』, 폴 하딩의 『팅 거스』, 스콧 피츠제럴드의 『위대한 개츠비』, 알랭 드 보통의 『왜 나는 너를 사랑하는가』 등이 있다.

알랭 드 보통의 『왜 나는 너를 사랑하는가』의 첫 장면을 살펴보면, 서사 전체를 통해 해명하고자 하는 문제의식을 질문의 형식으로 압축해서 묻는다. 독자는 꼬리에 꼬리를 무는 질문을 받고 머뭇거리며 픽션의 세계로부터 답을 구하게 된다. 이러한 독자의 기대는 자칫 비판으로 돌아설 여지가 있다. 하지만 서사 전체를 잘 압축한 질문이나 은유는 독자가 자신의 경계심을 스스로 허물게 한다.

> 삶에서 낭만적인 영역만큼 운명적 만남을 강하게 갈망하는 영역도 없을 것이다. 우리의 영혼을 헤아리지 못하는 사람과 어쩔 수 없이 잠자리를 함께하는 일을 되풀이하는 상황에서, 언젠가 꿈 속에 그리던 남

자나 여자와 마주치게 되는 것을 운명이라고 믿는다면 용서받을 수 없을까? 끊임없이 솟아오르는 그리움을 해소해줄 존재에 대한 미신적인 믿음은 용서받을 수 없는 것일까? 우리의 기도는 절대로 응답받을 수 없고, 서로를 이해하지 못하는 비참한 순환에는 끝이 없을지도 모른다. 그러나 만에 하나 하늘이 우리를 가엾게 여겨서 우리가 그리던 왕자나 공주를 만나게 해준다면, 그 만남을 단순한 우연의 일치로 치부해버릴 수 있을까? 한 번만이라도 이성의 검열에서 벗어나서 그 만남이 우리의 낭만적 운명에서 정해진 필연적인 사건이라고 해석할 수는 없을까?

— 알랭 드 보통, 『왜 나는 너를 사랑하는가』, 청미래, 2007, 5쪽.

첫 장면에 전체 압축형이 쓰인 영화로는 김지운 감독의 《달콤한 인생》과 마이클 만 감독의 《라스트 모히칸》을 꼽을 수 있다.

영화 《라스트 모히칸》은 18세기 미대륙에서 벌어진 영국과 프랑스의 식민지 전쟁을 배경으로 한다. 첫 장면은 모히칸족인 호크아이(다니엘 데이 루이스)와 아버지가 함께 사냥하는 장면으로 시작된다. 사냥에 성공한 호크아이의 아버지 칭가치국은 죽은 짐승의 앞에서 "널 죽여서 미안하다, 형제여. 우리는 너의 용기와 스피드, 그리고 힘에 경의를 표한다."고 애도한다.

 이 첫 장면은 인디언들의 자연에 대한 경외심과 생활양식을 보여주며, 앞으로 자신들의 터전에서 벌어질 침략자들과의 대결이 지닌 절박함을 함축하고 있다. 또한 문명을 앞세운 침략자들이 지닌 자연에 대한 도구적 태도와 대비되면서 소위 문명인의 반 생태적 삶에 대한 문제의식을 드러내는 데도 한 몫을 하고 있다.

라스트 모히칸

독자를 유혹하는 첫 장면

독자의 경계심을 누그러뜨려 서사 세계로 자연스럽게 끌어들이는 것에 만족하지 못하는 작가들은 좀 더 강력한 방법을 사용한다. 강도 높은 첫 장면을 이용해 독자의 흥미와 궁금증을 유발하는 것이다. 독자가 미처 경계할 틈도 없이 '다음은 어떻게 될까?' 혹은 '다음 장면이 보고 싶다!'는 생각에 사로잡히게 된다면, 작가에게 그보다 유쾌한 일은 없을 것이다. 이러한 첫 장면의 유형으로는 사건 발생형, 행동형, 대비 상징형, 의문 유발형이 있다.

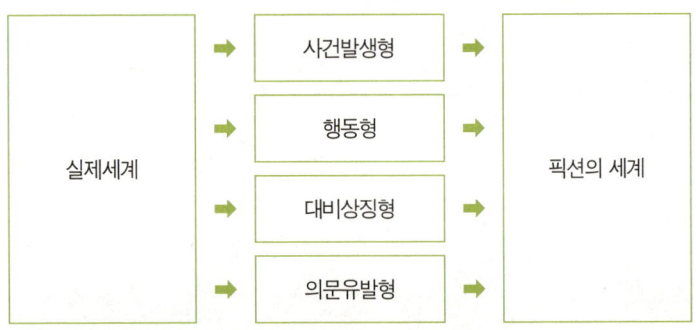

독자를 유혹하는 첫 장면의 네 가지 유형

사건 발생형

사건 발생형 첫 장면은 인물과 배경에 대한 설명이나 인과 관계의 제시는 뒤로 미루고 갑작스럽게 발생한 사건을 먼저 제시한다. 이를 접한 독자나 관객은 사건에 매혹되어 자연스럽게 다음 페이지로 시선을 옮긴다.

사건 발생형의 대표적인 작품으로는 이청준의 『당신들의 천국』, 알베르 카뮈의 『이방인』, 가브리엘 가르시아 마르케스의 『사랑과 다른 악마』, 프란츠 카프카의 『변신』 등이 있다.

이미 널리 알려져 그 충격은 다소 약해졌지만, 소설 『변신』의 첫 장면은 여전히 강렬하다. 어느 날 아침, 잠에서 깨어나 보니 그레고르 잠자는 벌레로 변해버렸다. 인간으로서 누려왔던 존엄과 관계를 송두리째 잃어버린 사건이 발생한 것이다.

> 어느 날 아침 그레고르 잠자가 불안한 꿈에서 깨어났을 때, 그는 자신이 침대 속에 한 마리의 커다란 해충으로 변해 있는 것을 발견했다. 그는 갑옷처럼 딱딱한 등을 대고 누워 있었는데, 머리를 약간 쳐들면 반원으로 된 갈색의 배가 활 모양의 단단한 마디들로 나누어져 있는

것이 보였고, 배 위의 이불은 그대로 덮여 있지 못하고 금방이라도 미끄러져 내릴 것만 같았다. 나머지 몸뚱이 크기에 비해 비참할 정도로 가느다란 다리가 눈앞에서 힘없이 흔들거리고 있었다.

'어찌 된 일일까?' 그는 생각했다. 결코 꿈은 아니었다. 약간 좁긴 해도 제대로 된 사람 사는 방이라 할 수 있는 그의 방은 낯익은 네 개의 벽으로 둘러싸여 있었다. 옷감 견본 꾸러미가 풀려져 있는 책상 위쪽에는—잠자는 외무 사원이었다—그가 얼마 전에 화보 잡지에서 오려내 금박으로 된 멋진 액자에 끼워 넣은 그림이 걸려 있었다. 그 그림은 한 숙녀의 초상화였는데, 그녀는 모피 모자를 쓰고 모피 목도리를 두른 채 꼿꼿이 앉아, 팔목까지 오는 무거운 모피 토시를 바라보고 있는 사람에게 쳐들고 있었다.

그레고르는 창 쪽으로 눈길을 돌렸다. 흐린 날씨가—창턱 함석 위로 빗방울 떨어지는 소리가 들렸다—그를 온통 우울하게 만들었다. '좀 더 잠을 청해 이런 어리석은 일을 잊도록 하자.' 그는 생각했다. 그러나 전혀 그럴 수가 없었다. 그는 오른쪽으로 누워 자는 습관이 있었는데, 지금 상태로는 그렇게 누울 수가 없기 때문이었다. 아무리 애를 써서 오른 쪽으로 돌리려고 해도 자꾸만 나둥그러졌다. 그는 백 번쯤이나 그렇게 했으며, 허우적거리는 다리를 보지 않으려고 눈을 감았다. 옆구리에 전에는 없었던 가볍고 무딘 통증을 느끼기 시작하자 그는 그짓을 그만두었다.

— 프란츠 카프카, 『변신』, 솔, 2007, 109-110쪽.

    사건 발생형 첫 장면의 영화로는 카비르 칸 감독의 인도영화 《카불 익스프레스》를 꼽을 수 있다. 인도의 종군기자인 슈헬과 제이는 탈레반을 취재하기 위해서 아프가니스탄의 수도인 카불로 가려 한다. 아프가니스탄 현지인은 그들을 카불에 데려다 줄

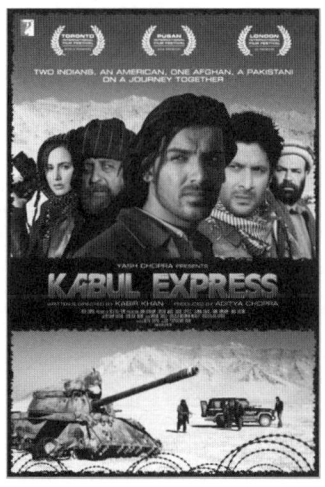

카불 익스프레스

차량을 부른다. 그런데 갑자기 굉음이 들리더니 흙먼지 틈에서 탱크가 모습을 드러낸다. 슈헬과 제이는 갑작스럽게 눈앞에 나타난 탱크에 당황하면서도 "이곳엔 택시도 없나?"라며 익살을 부린다. 그러고는 탱크를 타고 카불로 향한다.

　택시를 부르면 탱크가 오는 이 돌발적이고 우스꽝스러운 장면은 아프가니스탄의 현실을 함축적으로 보여준다. 그리고 관객들은 단번에 이 예측할 수 없는 이야기에 매혹된다.

행동형

　행동형 첫 장면은 인물의 습관적인 행위에 집중한다. 그다지 특별할 것 없는 행위라 할지라도 반복성을 띠면 사건을 추동하고 국면을 전환하며 의미와 상징성을 획득한다. 그래서 행동형 첫 장면으로 성공한 작품들은 독자들에게 모방 욕구까지도 불러일으킨다.

　대표적인 행동형 첫 장면의 작품으로는 토마스 만의 『베니스에서의 죽음』, 헤르타 뮐러의 『숨그네』, 아고타 크리스토프의 『존재의 세 가지 거짓말』, 이사벨 아옌데의 『영혼의 집』 등이 있다.

　이 가운데 이사벨 아옌데의 『영혼의 집』은 첫 장면에서 자질구레한 일까지 모두 기록해두는 클라라의 행위를 보여준다. 독자들은 이 독특한 인물의 기록행위가 야기할 심상치 않은 상황을 예감하면서 이야기 속으로 빨려 들어간다. 그리고 『영혼의 집』의 첫 장면은 두 겹의 행위를 날카롭게 포착한다. 그것은 클라라의 기록행위와 그 첫 번째 기록의 대상이 되는 개 바라바스의 행위다.

"바라바스가 바다를 건너 우리에게 왔다." 어린 클라라는 섬세한 필체로 이렇게 메모해 놓았다. 클라라는 이때부터 이미 중요한 일을 기록하는 습관이 있었으며, 그 뒤 벙어리로 지낼 때에도 자질구레한 일까지 모두 기록해 두었다. 그렇지만 클라라도 오십 년 후에 자신의 노트가, 내가 과거의 기억을 되살리고 공포를 극복하는 데 큰 버팀목이 되어주리라고는 전혀 생각지 못했을 것이다.

바라바스는 성(聖) 목요일에 도착했다. 바라바스는 똥오줌에 뒤범벅이 된 채 더러운 우리 안에 갇혀서 왔는데, 무기력하고 비참한 죄수처럼 넋 나간 표정이었다. 그렇지만 큼지막한 두상과 골격의 크기로 미루어 장차 엄청난 거구로 자랄 것 같았다. 그날은 어린 클라라가 노트에 적어놓은 그 일과는 아무런 상관도 없을 것 같은 나른한 가을날이었다. 사건은 어린 클라라가 온 가족과 함께 참석한 성 세바스티안 교구의 정오 미사가 진행되는 가운데 일어났다.

성자(聖者) 조각상들은 그리스도의 죽음을 애도하는 뜻에서 자줏빛 천에 휘감겨 있었다. 신앙심이 강한 여신도들이 성물 보관소에서 자줏빛 천을 꺼내 일 년에 한 번씩 먼지를 털어냈다. 이러한 제의(祭衣)를 뒤집어쓴 하늘의 시종들은 흡사 이사를 앞두고 마구잡이로 쌓아놓은 가구 더미 같았다. 양초와 향, 흐느끼는 듯한 오르간 연주 소리도 이 지저분한 인상을 떨쳐내기에는 역부족이었다. 실물 크기의 성자들은 감기에 걸린 듯한 나른한 얼굴에 죽은 사람의 머리카락으로 만든 가발을 뒤집어쓰고, 색유리로 만든 루비, 진주, 에메랄드를 두르고, 피렌체 귀족풍의 호화로운 옷을 걸치고 서 있었다. 그렇지만 성자가 아니라 무시무시하고 음침한 짐짝이 들어서 있는 듯한 인상이었다. 그나마 제의가 잘 어울리는 성자는 그 성당의 수호 성자인 성 세바스티안 단 하나뿐이었다. 성 세바스티안은 온몸에 대여섯 발의 화살이 관통하여 몸이 흉측하게 뒤틀린 채 피와 눈물을 흘리는 끔찍한 모습이었지만, 성주간 기간에는 눈물을 질질 짜며 고통을 호소하는 호모 같은 이 모습이 제의에 뒤덮여 신자들에게 공개되지 않았다. 더군다나 성 세바스티안의 상처 자국은 레스트레포 신부의 붓놀림으로 늘 기적처럼 생생하게 보존되었는데, 클라라는 이 끔찍한 상처 자국을 볼 때마다 기겁했다.

― 이사벨 아옌데, 『영혼의 집』 1권, 민음사, 2003, 11-12쪽.

이사벨 아옌데는 클라라의 낱낱이 기록하는 습관적 행동을 묘사하는 동시에, 비참한 죄수처럼 넋 나간 표정으로 도착한 개와 트루에바 가문의 운명이 분리되지 않을 것이라는 점을 예고하고 있다.

행동형 첫 장면의 영화를 꼽을 때 빠뜨릴 수 없는 작품은 대니 보일 감독의 《트레인스포팅》이다. 첫 장면은 주인공 렌튼(이완 맥그리거)과 스퍼드(이완 브렘너)가 도심의 거리를 전력 질주하는 모습을 보여준다. 렌튼은 "도둑이야!"란 외침을 뒤로하고 앞만 보며 달리면서도 독백을 멈추지 않는다.

"인생을 선택하라. 직업을 선택하라. 경력을 선택하라. 가족을 선택하라. 대형 TV도 선택하고, 세탁기, 차도 선택하고, CD플레이어와 자동 병따개도 선택하라. 건강, 낮은 콜레스테롤, 치아보험을 선택하라. 고정된 수입원도 선택하라. 새집을 선택하라. 친구도 선택하라. 운동복과 경기도구도 선택하라. 좋은 옷감으로 만든 비싼 옷도 선택하라. DIY 용품도 선택하고, 일요일 아침에는 자성의 시간도 가져라. 소파에 앉아서 쓸모없는 TV쇼도 보면서 인스턴트식품을 먹어라. 결국엔 늙고 병드는 것을 선택하라. 너를 그렇게 만든 이기적이고 재수 없는 놈들에게 조소를 퍼부으며 초라한 임종을 맞이하라. 미래를 선택하라. 인생을 선택하라. 하지만 왜 내가 그런 걸 원해야만 하지?"

이 작품은 어빈 웰시의 동명 소설을 영화화한 것으로, 1980년

트레인스포팅

대 말 경제 공황기에 도시 주변부에서 살아가는 희망 없는 청춘들의 절망과 분노를 그리고 있다. 선택할 수 없는 선택을 요구하는 세상을 향해 주인공 랜턴은 외친다.
 "나는 인생을 선택하는 것을 선택하지 않았다."

대비 상징형

대비 상징형 첫 장면은 인물이나 사물, 이미지의 대비와 충돌을 통해서 서사 전개에 필요한 추동력을 얻는다. 흔히 인물 간의 극명한 대비를 통해서 필연적인 갈등을 암시한다. 대비 상징형의 대표적인 작품으로는 괴테의 『젊은 베르테르의 슬픔』, 살만 루시디의 『악마의 시』, 파울로 코엘료의 『오 자히르』 등이 있다.

『오 자히르』의 첫 장면은 그와 그녀를 대비시켜 언급하고 있다. 그는 20대 초중반의 갈색피부를 가진 몽골계 남자고 그녀는 기혼의 종군기자다. 어느 날 그녀가 갑자기 사라지고, 그녀와 마지막으로 카페에 있는 모습이 목격된 그의 신원은 단서가 없어 파악되지 않는다.

그녀: 에스테르. 종군기자. 이라크 침공이 임박해오자 최근 귀환. 서른 살. 기혼으로 아이는 없음.
그: 신원 미상. 스물셋에서 스물다섯 살로 추정. 갈색피부에 몽골계. 포부르 생 토노레 가의 한 카페에서의 두 사람의 모습이 마지막으로 목격되었다.
경찰은 전에도 그들이 함께 있는 것을 보았다는 증언들을 입수했다. 하지만 그게 정확히 몇 번이었는지는 아무도 기억하지 못했다. 에스테르는 늘 그 남자(미하일이라는 이름밖에는 알려진 것이 없는 인물

이다)가 아주 중요한 사람이라고 했다. 그러나 그가 자신의 기자 경력에 중요하다는 건지, 아니면 여자인 자신에게 중요하다는 뜻인지는 설명하지 않았다.

경찰은 정식으로 수사에 착수했다. 그들은 몇 가지 가설을 세웠다. 납치, 협박, 살해 후 사체 은닉. 정보를 수집해야 하는 기자라는 직업의 성격상, 그녀는 테러 조직 관련자들과 빈번히 접촉해 왔으므로 그리 놀랄 만한 가설은 아니었다. 경찰은 그녀가 사라지기 직전 몇 주 동안 그녀의 은행 계좌에서 규칙적으로 돈이 인출되었다는 사실을 알아냈다. 경찰은 그 돈이 정보에 대한 대가였을 수도 있다고 보았다. 그녀의 옷가지는 모두 그대로 남아 있었다. 그런데 이상하게도 여권은 발견되지 않았다.

그: 아주 젊고, 전과 기록이 없으며, 신원을 파악할 단서가 전혀 없는 미지의 존재.

그녀: 에스테르. 국제 언론인상 2회 수상. 서른 살. 기혼.

내 아내.

— 파울로 코엘료, 『오 자히르』, 문학동네, 2005, 15-16쪽.

이러한 대비는 그녀와 그에 그치지 않는다. 첫 장면의 마지막 문장에서 화자는 그녀를 "내 아내"라고 서술한다. 순식간에 그녀와 그 간의 단순한 대비가 그녀를 사이에 둔 나와 그의 대비로 급변한다. 그리고 대비는 다시 나와 그들로 확대되면서 이야기가 독자를 단단히 움켜쥔다.

대비 상징형의 영상미학을 보여주는 영화는 니나가와 미카 감독의 《사쿠란》이다. 《사쿠란》은 오프닝 영상에서부터 어항 속에서 유영하고 있는 금붕어를 최대로 클로즈업해 스크린 전체를 채운다. 뒤이어 금붕어와 같은 색조로 화장을 하는 기녀 키요하(츠치야 안나)를 보여준다.

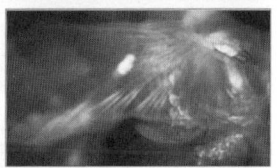

사쿠란

금붕어의 붉은 몸통과 흰 지느러미, 꼬리의 색상대비는 기녀의 붉은 눈썹, 입술과 흰 액세서리의 색상대비로 이어진다. 금붕어의 지느러미와 꼬리는 기녀의 기모노와 연결된다. 온몸을 하늘하늘 흔들며 유영하는 금붕어의 몸짓은 교태가 몸에 밴 기녀의 몸짓과 연결된다. 금붕어가 일으키는 물결의 파장이 주인공 키요하의 화장하는 얼굴에 여리게 겹쳐진다.

영화 《사쿠란》의 첫 장면은 화려하고 매혹적이다. 어항 속에 갇혀 살아가야 하는 금붕어와 기녀의 운명을 대비시키는 동시에 이 영화가 다룰 전체 서사를 상징적인 색상과 이미지로 보여주고 있다.

의문 유발형

의문 유발형 첫 장면은 독자에게 궁금증을 유발한다. 단서를 친절하게 제공하기보다 비일상적인 사건이나 상황을 기술하여 독자를 매혹한다. 드물지만 자연법칙과 동떨어진, 비현실적인 사건이나 상황을 제시하는 경우도 있다.

의문 유발형의 대표적인 작품으로는 오상원의 『모반』, 레이몬드 카버의 「제리와 몰리와 샘」, 푸엔테스의 『아우라』, 이순원의 『은비령』, 조해일의 「매일 죽는 사람」 등이 있다.

1970년 중앙일보 신춘문예 당선작인 조해일의 「매일 죽는 사람」은 제목부터 의문스럽다. 그리고 첫 문장을 읽으면 의문은 더욱 증폭된다. 죽으러 나가려고 구두끈을 매는 이 사람은 어떻게 왜 매일 죽는다는 것일까? 정답부터 이야기하자면, 그는 주로 죽는 역할을 맡는 단역배우이다. 그로 인해 주인공은 자신이 점차 죽어가는 중이라고 느끼며, 죽는 연기와 현실 사이에서 혼란을 겪는다.

일요일인데도, 그는 죽으러 나가려고 구두끈을 매고 있었다. 그의 손가락들은 조금씩 떨리고 있었다. 마음의 긴장이 손가락 끝에까지 미치고 있는 모양이었다. 3년 동안이나 그의 체중을 견디어내 준 그의 검정색 구두는 이제 더 이상 참아 낼 힘이 없다는 듯이 피곤하고 악에 받친 표정을 하고 있었다. 일찍이 초식 동물(草食動物)의 가죽이었던 부드러움과 제화공의 숙련된 솜씨가 빚어 낸, 한때의 윤택은 이제 굳어지고 찌들어서 본래의 모습과는 다른 어떤 것이 되어 있었다. 그것은 사람의 발에 신겨진다는 것이 이제는 조금도 영예스러울 것이 없다는 듯, '이젠 좀 놓아 주었으면' 하는 지친 노예와도 같은 표정을 하고 있었다.

그러나 그는 몇 번이나 줄을 갈아 가면서까지 이놈을 묶어 두고 있었던가? 그런데 이놈은 또다시 말썽을 부리려 하고 있다. 오른쪽 구두의 양 날개를 잡아매기 위하여 좌우 세 개씩의 구멍을 엇지르며 나란히 꿰어져 나간, 실로 짠 구두끈의, 오른쪽 두 번째 구멍과 닿아 있는 부분이 닳아빠져서 끊어지기 직전에 있었다.

그것은 마치 사람의 발에 밟혀 허리가 터진 한 마리 작은 송충이의 형상을 닮고 있었다. 그는 어린애를 다루듯 조심조심 손끝을 움직였다. 어쩐지 이 일에 실패를 하면 오늘 하루의 모든 일이 뒤죽박죽이 될 것만 같은 느낌이었다. 기실 마음이 조금만 대범한 사람이라면 매일 죽으러나 나가는 마당에서 구두끈 같은 것에 신경을 쓰지는 않을 것이다. 미리 적당하게 매어 두고 구둣주걱을 사용하거나 손가락 하나만 잠시 움직이면 될 것이다. 그렇게만 한다면 두 개의 손을 다 동원하고 이렇게 오랫동안 허리를 굽히고 있지 않아도 될 것이며, 또 그렇게만 해 왔더라면 구두끈도 좀더 오래 견디어 낼 수 있었을 것이다. 그도 그것을 알고 있었다. 그러나 그는 그러한 편리한 방식, 날림이라고도 할 수 있는 방식이 마음에 들지 않았다. 최소한 자기 자신에게만은 그것을 허용하지 않을 방침이었다. 세상의 모든 편리한 방식, 세상 사람들이 추구하고 있는 모든 편리한 규범과 방식에 그는 지쳐 있었으며, 나아가서는 간단하게 처리되는 일 전반에 대해 그는 증오심을 품고 있었다.

― 조해일, 「매일 죽는 사람」, 『한국소설문학대계』 65,
동아출판사, 1995, 301-302쪽.

마크 웹 감독의 풋풋한 로맨스 영화 《500일의 썸머》의 첫 장면은 가장 경제적으로 관객들의 눈길을 사로잡는다. 감독이 관객의 호기심을 불러일으키는 데 사용한 것은 단 세 컷이다.

500일의 썸머

첫 번째 컷에선 시나리오 작가를 내세워 이 영화가 허구임을 강조한다. "본 영화는 허구이므로, 생존해 있거나 사망한 사람과 어떠한 유사점이 있다해도 순전히 우연일 뿐입니다." 이것은 여러 영화에서 본 익숙한 자막이다. 그러나 다음 컷에 등장한 한마디는 관객의 허를 찌른다.

"특히 너, 제니 백맨."

감독은 익숙한 자막을 보고 느슨해진 관객을 이 한 마디로 휘어잡는다. 관객은 제니 백맨이 누구인지 궁금해한다. 감독이 그자에게 보여주려고 작심하고 만들 정도라면 만만찮은 사연이 있겠다, 하고 생각한 순간 관객은 이미 영화 속으로 빨려 들어간 상태다. 그리고 세 번째 컷의 자막이 관객의 뒤통수를 친다.

"썅놈."

제5장

마지막 장면은
서사예술의 목표다

"끝이 좋으면 다 좋다!"

마지막 장면의 중요성

 완결된 서사에서 첫 장면 다음에 이어지는 것은 두 번째 장면이다. 그러나 서사 작품을 구상하는 과정에서 첫 장면 다음에 오는 것은 마지막 장면이다.

 첫 장면과 마지막 장면은 여행의 출발지와 목적지에 비유할 수 있다. 즐겁고 의미 있는 여행이 되려면 편안한 마음, 설렘과 기대에 찬 출발이 전제되어야 한다. 집안의 분위기가 어수선한 상황에서 대책 없이 떠난 여행이 좋은 여행으로 마무리 지어지는 경우는 드물다. 그다음으로는 목적지가 좋아야 한다. 여행의 결말이라고 할 수 있는 목적지에 도달했는데, 가지 않느니만 못한 곳이라면 어떻겠는가. 도대체 왜 온 것인지 후회가 밀려오는 목적지에 도달했다면 당연히 실패한 여행이다. 그래서 이야기의 질서화 과정은 시작과 끝의 설정으로부터 출발한다.

 세계적으로 1천5백만 부 이상 팔린 베스트셀러『롤리타』를 쓴 블라디미르 나보코프는 이렇게 이야기했다.

 "소설을 시작하면 많은 방법론이 있을 것 같지만, 소설을 시작하면 목표는 오로지 이 작품을 끝내겠다는 그 생각 하나뿐이었다."

작품을 시작하는 순간 작가에게 지상 최대 목표는 작품을 끝내는 것이다. 끝나지 않은 작품은 세상에 존재하지 않는 작품이다. 마지막 장면이 첫 장면 다음이 되는 이유다.

독자가 서사의 세계로 진입하는 입구가 시작 장면이라면, 마지막 장면은 독자가 서사에서 빠져나와 현실의 세계로 복귀하는 출구에 해당한다. 픽션의 세계로부터 벗어나 일상으로 돌아온 이들에게 작품이 강한 여운으로 남아 실제의 삶에 영향을 미친다면 그 마지막 장면은 성공한 것이다.

한 편의 소설이 한 사람의 인생을 바꿔놓기도 한다. 그것은 서사의 영향력이 독자의 실제 삶을 바꿔놓을 만큼 강력할 수도 있다는 것을 의미한다.

독자나 관객에게 미치는 서사의 영향력은 원고지 분량이나 상영시간에 반드시 비례하지 않는다. 여러 날에 걸쳐 많은 시간을 들여 본 대하드라마보다 짧은 영화 한편이 한 사람의 인생에 훨씬 큰 영향을 미치기도 한다. 강한 캐릭터와 긴장감 넘치는 사건이 어우러진 FOX사의 드라마 《프리즌 브레이크》나 HBO의 《밴드 오브 브라더스》보다 시드니 루멧 감독의 영화 《허공에의 질주》 한 편이 더 깊고 오래도록 관객의 마음에 파문을 일으킬 수도 있다.

독자와 관객에게 깊은 인상을 남기는 서사의 힘이 어디에서 비롯되는가는 여러 가지로 설명할 수 있지만 가장 직접적인 요인은 마지막 장면이다.

시드니 루멧 감독의 영화 《허공에의 질주》의 마지막 장면은 아버지 아서(저드 허쉬)와 아들 대니(리버 피닉스)의 강인하면서도 따뜻한 이별을 보여주며 관객의 마음에 깊은 여운을 남긴다.

"너는 남는다."

수배자의 대오에서 아들을 빼내 세상으로 돌려보내며 아버지 아더는 말한다.

"우리 가족은 모두 너를 사랑한다."

놀란 아들 대니에게 아버지는 덧붙인다.

"네 엄마와 나는 열심히 살았다. 너도 세상을 위해 좋은 일을 해라."

고집을 꺾고 아들을 떠나보내지만 신념을 지키며 살아온 삶에 대한 자부심은 끝내 포기하지 않는다. 그의 고집은 무너져 내렸지만 사랑은 무너지지 않는다.

가족을 태운 차가 멀어져가는 모습을 아득한 눈빛으로 바라보는 리버 피닉스는 꼼짝하지 못하고 붙박인 채 서 있다. 음악과 함께 엔딩 크레딧이 올라가지만, 관객들도 자리에서 일어설 수 없게 만드는 영화가 《허공에의 질주》였다. 최고의 서사는 그렇게 완성되는 것이다.

마지막 장면의 역할

　모든 작가는 자신의 작품이 독자들에게 감동과 여운으로 남도록 만들기 위해 고민한다. 《허공에의 질주》 시나리오를 쓴 나오미 포너는 자신의 경험을 바탕으로 압도적인 마지막 장면을 만들어냈다. 배우 제이크 질렌할의 어머니로 사람들에게 알려진 시나리오 작가 나오미 포너는 실제 수배생활을 했던 생생한 경험과 감정을 《허공에의 질주》에 담아내는데 성공했다.

　서사예술이 독자와 관객들에게 어떤 감동과 여운을 남기는가는 마지막 장면의 역할이 절대적이다. 훌륭한 서사는 어느 한 부분의 성취만으로 이루어질 수 없지만 미학적인 완성도가 떨어지는 결말은 관객을 실망시키는 치명적인 요인이다.

　마지막 장면의 성공은 독자와 관객이 느끼는 감동과 여운의 파장으로 드러난다. 뛰어난 작품은 독자나 관객들의 일상생활에 영향을 미친다. 자신의 삶과 세상에 대해서 질문하게끔 만드는 것이다. 그러나 좋지 않은 작품은 책 한 권을 다 읽어냈다는 성취감을 남길 뿐이다. 심지어는 내가 이것을 왜 읽었는가 하는 회의감을 안겨주는 작품들도 있다.
 단순히 재미있는 이야기와 여운을 남기는 서사는 다르다.
 터키와 중앙아시아 지역에서 전승되는 이야기의 주인공 중에 나스레딘 호자가 있다. 호자는 성이 아니라 터키어로 현자나 선생님을 뜻한다. 그와 관련된 수많은 이야기 중에 두 개를 예로 들어보자.

> 현자 나스레딘을 따르는 한 제자가 어느 날 물었다.
> "선생님, 올해 연세가 어떻게 되십니까?"
> "마흔이지."
> "아니, 선생님. 그게 무슨 말씀을 그렇게 하십니까. 제가 십 년 전에 여쭤봤을 때도 마흔 살이라고 하시지 않았습니까?"
> 그러자 나스레딘이 버럭 화를 내며 말했다.
> "남아일언 중천금을 모르는가. 내 어찌 고작 십 년이 지났다고 말을 바꾸겠는가."
>
> ― 김남일·방현석, 『백 개의 아시아』, 아시아, 2013.

폭소를 자아내는 이 이야기는 나스레딘의 기행을 대표하는 일화 중 하나다. 그러나 이 이야기의 마지막 한마디에는 진리를 교조적으로 받아들이는 것에 대한 날카로운 가르침이 담겨 있다. 조금 더 은근한 여운을 안겨주는 나스레딘의 이야기에는 이런 것이 있다.

나스레딘이 제자들과 함께 사람들이 붐비는 시장통을 걸어가고 있었다. 제자들은 스승의 동작 하나라도 놓칠세라 따라 하기 바빴다. 어느 순간부터 나스레딘이 몇 걸음 가다말고 허공에 대고 악수를 하거나 갑자기 멈춰 서서 쿵쿵 제자리 뛰기를 하기도 했다. 제자들도 하나같이 따라했다.
이러한 모습을 본 상인 하나가 물었다. 그는 나스레딘의 오랜 벗이었다.
"나스레딘, 이 사람들이 지금 뭘 하고 있는 건가?"
"아, 보면 모르겠는가. 이들은 다 내 제자들일세. 다들 깨달음을 얻으려 열심히 공부하는 중이지."
상인은 호기심에 차서 물었다.
"모두 똑같이 하는데, 제자들 중에 누가 깨달음을 얻었는지 자네는 어떻게 아는가?"

> 나스레딘은 아주 태연하게 대답했다.
> "그야 아주 간단하지. 난 매일 아침 내 제자들의 수를 헤아린다네. 그래서 달아난 제자가 있는지 확인하지."
>
> ─ 김남일·방현석, 『백 개의 아시아』, 아시아, 2013.

 이 이야기를 듣고 바로 폭소를 터뜨리는 사람도 있고, 한참 뒤에 빙그레 웃는 사람도 있고, 끝내 고개를 갸우뚱하는 사람도 있을 것이다. 그러나 어떤 경우든 사람들은 자신이 다음날 아침에도 남아 있는 제자에 속하는지 떠난 제자에 속하는지를 생각하게 될 것이다. 이것이 이야기가 남기는 여운의 힘이다. 이러한 힘, 감동과 여운은 서사에 남는 것이 아니라 독자와 관객의 의식에 남겨지는 것이다.
 서사의 힘이 감동의 형태로 나타나는 경우는 마지막 장면에서 특별한 성취에 도달하거나 극적 반전을 일으키는 것이 일반적이다. 성취를 통해 감동을 이끌어내는 결말은 레마르크의 소설 『개선문』이나 마지드 마지디의 영화 《천국의 아이들》에서 확인할 수 있다. 반전을 통해 감동을 이끌어내는 결말은 여화의 소설 『허삼관 매혈기』나 시드니 루멧의 영화 《허공에의 질주》, 박찬

욱의 영화 《공동경비구역 JSA》를 들 수 있다.

  서사의 힘이 여운의 형태로 나타나는 경우는 마지막 장면에서 질문을 던지거나 성찰을 불러일으키는 것이 일반적이다. 질문을 던지는 것을 통해서 여운을 이끌어내는 결말로는 옌롄커의 『딩씨 마을의 꿈』이나 이안의 영화 《색계》, 이창동의 영화 《밀양》을 들 수 있다. 성찰을 통해 여운을 이끌어내는 결말은 로힌튼 미스트리의 소설 『적절한 균형』이나 로버트 레드포드의 영화 《흐르는 강물처럼》을 들 수 있다.

제6장

마지막 장면의 다섯 가지 유형

모든 서사는 감동과 여운을 지향한다. 처음부터 마지막까지 독자와 관객을 웃게 만드는 작품일지라도 그 웃음에 경직된 인물이나 사회를 풍자하고 비틀어 뒷맛을 남기기 위해 애를 쓴다. 하지만 독자와 관객은 감동과 여운을 남기려는 작가의 뻔한 시도에 쉽게 반응하지 않는다. 그래서 작가와 독자, 감독과 관객의 싸움은 마지막 장면까지 계속된다.

첫 장면을 통해서 독자나 관객을 픽션으로 끌어들이는 데 성공했다면, 마지막 장면에서는 감동과 여운을 가지고 독자와 관객이 현실의 세계로 돌아가게 만들어야 한다. 이를 위해서 작가와 감독은 마지막 장면들을 두고 많은 고민을 한다. 그 고민과 투쟁의 결과물은 크게 다섯 가지로 유형화할 수 있다.

마지막 장면의 다섯 가지 유형을 간단히 요약해 보자면, 서사 속의 인물이 내적인 성숙을 이루는 내화형 결말, 서사 속에서 인물이 갖게 된 인식이 주변 인물에게 영향을 미치거나 사회의 변화를 조장하는 확장형 결말, 독자나 관객의 예측을 배반하는 반전형 결말, 첫 장면과 마지막 장면이 이어지거나 겹쳐지는 회귀형 결말, 이야기의 결말을 은유적으로 마치고 뒷이야기를 독자의 몫으로 남겨두는 개방형 결말이 있다.

내화형 결말

　서사예술이란 인생에 대한 미적 탐색 행위다. 그래서 서사 속 인물은 차츰 변화해야 한다. 세상과 인간을 바라보는 주인공의 시야가 점점 더 넓어지고 깊어져야 하는 것이다. 인물의 그 변화 과정이 서사 내용이 된다. 서사 작품이 결말에 도달했을 때, 그 서사 속의 인물이 내적인 성숙을 이루는 유형을 내화형이라고 한다.

　전쟁의 허구성과 무의미함, 잔인성을 놀라운 필치로 그린 바오 닌의 소설 『전쟁의 슬픔』은 독자들을 깊은 혼돈에 몰아넣는다. 이 작품은 세계 16개국어로 번역되어 레마르크의 『서부전선 이상 없다』를 능가하는 전쟁소설로 평가받았다.

　작가 바오 닌은 아마도 역사상 어떤 작가보다도 사람이 죽는 광경을 많이 보았고, 많은 시체를 치워본 사람일 것이다. 그는 열일곱 살 때 전쟁터에 나갔다. 이후 십여 년 동안 자신과 함께 입대한 동료 400명 중 단 4명만이 살아남았다. 주변 사람은 모두 죽었다. 전쟁이 끝난 후에는 유해발굴단으로 일하며 버려진 시체를 찾아 처리하는 일을 했다.

그가 그려내는 전쟁은 누구도 흉내낼 수 없을 만큼 압도적이다. 전율을 불러일으킨다. 바오 닌은 이 소설을 통해 전쟁을 옹호하는 모든 정서와 논리를 분쇄해버리기로 작정한 것처럼 보인다. 위대한 전쟁과 용서받을 수 없는 전쟁이 엎치락뒤치락 끊임없이 전복된다. 세계의 자유를 지키겠다는 미국의 입장과 조국의 독립을 지키려는 베트남의 입장이 수없이 맞서지만, 전쟁은 모든 것을 파괴할 뿐 아무 것도 지켜내지 못한다. 그러나 아이러니하게도 작가는 소설의 마지막 장면에서 전쟁이 "행복보다 높은" "고상한 슬픔"을 가져다주었다고 말한다.

그러나 우리는 같은 슬픔, 전쟁의 거대한 슬픔, 행복보다 높고 고통을 극복할 수 있는, 행복보다 고귀한, 고상한 슬픔을 가지고 있었다. 슬픔 덕에 우리는 전쟁을 벗어날 수 있었고, 만성적인 살육의 광경, 무기를 손에 쥔 괴로운 광경, 캄캄한 머릿속, 폭력과 폭행의 정신적 후유증에 매몰되는 것도 피할 수 있었다. 각자의 삶으로 돌아가는 길은 아마도 전혀 행복하지 않고 죄악이 가득할 수 있지만 그것만이 우리가 희망을 가질 수 있는 가장 아름다운 삶의 길이다.

—바오 닌, 『전쟁의 슬픔』, 아시아, 324쪽.

작가는 말하고 있다. 단번에 청춘과 일상과 가족과 동료를 빼앗아간, 어느 모로도 선하지 못한 전쟁이 젊은이들에게 남겨준 것은 슬픔이었고, 그 슬픔은 행복보다 높고 고상한 것이었다고.

이처럼 이야기가 종착점에 당도했을 때, 다른 높이에 도달해 있는 인물들의 시선을 보여주는 것이 내화형 결말이다.

이 내화형 결말은 문예공모전에서 가장 빈번하게 수상의 영광을 차지하는 유형이다. 서사 속 인물이 자신에게 매질하던 아버지나 차별하던 어머니의 임종이 가까웠다는 소식을 듣고 병원으로 향한다. 목적지로 이동하는 과정에서 그들도 나 못지않은 아픔을 품고 살았다는 사실을 알게 된다. 새삼 자신이 그들과 함께 나눴던 따뜻한 시간이 떠오르면서 눈물이 흐른다. 이런 상투적인 이야기가 공모전에 통하는 이유는 무엇일까. 부정하던 바를 서서히 받아들이고 용서하며 마무리되는, 이 강박적인 화해의 결말이 오랫동안 반복적으로 사용되어온 이유는 그것이 인간의 성숙을 표상하는 주요 형식으로 인정받아왔기 때문이다. 그리고 인간을 깊이 성찰하고 세상을 진지하게 통찰하려는 노력이 내화형 결말에 담겨 있기 때문이다.

서사예술은 인간을 다른 각도와 다른 높이에서 바라보려는 노력을 포기하지 않을 것이다. 하지만 내면적 성숙으로 귀결되는 내화형 플롯을 차용한 작품이 개연성을 충분히 갖추지 못했다면 심각한 문제라고 할 수 있다.

진정한 화해에는 화해에 도달할 수 있는 과정이 필요하다. 과정의 필연성이 없는 성숙은 계몽적 한계를 벗어나기 어렵다. 심정적으로 온정주의에 끌린다는 이유로 무조건 화해하는 결말은 거짓이다. 미움이나 분노를 털어버리고 포용과 화해의 자세를 취하는 것은 성숙한 태도지만, 그것을 서사 안에서 성취하려면 빈틈없는 과정이 구축되어야 한다. 진정한 화해는 결코 쉽게 이루어지는 것이 아니기 때문이다.

청년시절 안기부에 잡혀가 십 수일 동안 고문을 당했던 김근태는 훗날, 감옥에 갇힌 고문기술자 이근안을 면회했다. 사람들은 그에게 이제는 이근안을 용서했느냐고 물었다. 그는 이미 정치지도자가 되어 있었고, 이근안은 죄수일 뿐이었다. 그가 이미 이근안을 용서했다고 답한다면 도량이 넓은 정치지도자의 이미지를 얻을 수 있었다. 그럼에도 김근태는 말하기 어렵다고 답했다. 평생 고문후유증으로 고생을 하다가 죽어가는 마지막 순간까지, 김근태는 자신이 이근안을 만나 용서했는지 여부를 말하지 않았다. 그를 괴롭힌 것은 진심의 문제였다. 그는 사석에서, 교도소에서 만난 이근안이 무릎을 꿇고 용서를 빌었지만 그것이 쇼인지 아닌지 혼란스러웠다고 말했다. 사람들은 그에게 그럼 용서하지 못한 것이냐고 물었다. 김근태는 신만이 그 답을 아실 것이라고 대답했다.

픽션에서 도식적인 화해와 성숙은 현실에서의 화해보다 훨씬 손쉽다. 그러나 픽션에서 진정한 화해와 성숙에 도달하는 일은 현실에서의 화해보다 더 어렵다.

> 창문에 덧댄 비닐이 북처럼 울었다. 나는 입을 달싹거려 한 사람씩 불렀다. 내가 지켜낸 이름과 지켜 내지 못한 이름, 나를 모욕하고 유린했던 이름, 끝없이 그리운 이름, 이름들. 그들의 이름을 기억하려는 안간힘으로, 그들이 불러준 내 이름을 잊지 않으려는 몸부림으로, 그해 겨울 나는 죽지 않았다.
>
> —방현석, 『그들이 내 이름을 부를 때』, 이야기 공작소, 2012, 372쪽.

남영동에서 죽음보다 더한 고문을 당하고 서울구치소로 넘어온 주인공이 온기라고는 없는 독방에서 생을 견디는 장면으로 『그들이 내 이름을 부를 때』는 끝난다. 외벽은 얼음으로 빙벽을 이루고 바닥에 깔린 매트리스에서는 냉기가 올라오는 감방에 누운 주인공은 '자신이 지켜낸 이름과 지켜내지 못한 이름'을 기억하려는 안간힘으로 죽음을 넘어선다.

바오 닌의 소설 『전쟁의 슬픔』의 마지막 장면은, 전장에서 젊음을 잃고 사랑을 파괴당한 소설가가 자신이 견뎌야 했던 전쟁의 혼돈을 기록한 소설을 남겨둔 채 하노이의 공동주택을 표표히 떠나고, 그 원고를 발견하여 정리한 인물의 입을 빌어 내화형 결말의 형태를 보여준다. "그러나 그럴지라도 그가 영원히 과거를 향해 돌아가는 길은 사뭇 행복할 것이라고 믿는다. 그의 영혼은 지난 날에 대한 망각 없이, 영원히 정서적인 봄날 속에 살아갈 것이다."라고.

바오 닌의 단편소설 「0시의 하노이」도 내화형 결말의 대표작으로 꼽을 수 있다.

> 쟝은 끝없이 말했다. 작고 슬픈 목소리로. 발코니는 매우 추웠지만 우리는 방으로 들어가지 않았다. 밤이 깊어질수록 점점 더 추워졌지만 나는 추위를 느낄 틈이 없었다. 내 마음이 뜨거웠다. 나는 쟝 옆에 있었다. 나는 이렇게 계속, 계속 서 있을 수 있었다.
> "이 방을 떤에게 줄 거야. 삼 형제 집이지. 삼 형제가 전쟁에 나갔는데 오직 떤만 돌아왔지. 이 그림도 놓고 갈 거야. 이 집에는 쭝의 사진이 하나도 없잖아. 쭝의 모습은 그림 속에 남아 있는 게 유일해."
> 내가 담뱃불을 붙이자 쟝이 물었다.

"담배 피니?"

나는 웃음을 터뜨렸다. 삼십오 년 전 내가 계단 밑에서 아버지 담배를 몰래 훔쳐내 숨어서 피는 것을 발견했을 때도 쟝은 그렇게 부드럽게 책망했다.

어둠 속에서, 쟝의 얼굴이 여느 때처럼 젊어보였다. 나 역시 그랬다. 왜냐하면 시간이 내일을 향해 깊어지면 깊어질수록 우리는 옛날 밤의 하노이로, 0시의 하노이로 더 가까이 다가갔기 때문이다. 하늘에 있는 친구들에게, 첫사랑에게, 어린 시절로 더 가까이 다가갔다. 태어나고, 장성하고, 전투에 참가하고, 그리고 이 도시를 위해 희생한 우리 세대는 그 마법을 즐기고, 영원히 젊은 도시의 영원한 청춘의 세대가 되었다.

— 바오 닌, 「0시의 하노이」, 계간 『아시아』 2012 봄 제7권 제1호 통권24호, 아시아, 2012, 123쪽.

소설 「0시의 하노이」는 바오 닌의 고향 하노이에 대한 짧은 이야기다. 전쟁 후 모든 것이 변해버린 도시 하노이를 어떻게 받아들일 것인가? 모든 것이 변해버린 도시에서 어떻게 살아야 할 것인가? 이 작품은 아름다운 유년의 추억이 깃든 고향 하노이를 떠나 전쟁터에서 청춘을 다 보내고 돌아온 주인공이 이미 다른 도시가 되어버린 하노이를 어떻게 받아들이는지를 관찰한다. 이 마지막 장면은 굉장히 아프게 성숙한, 인생의 밑바닥에 닿아본 사람만이 도달할 수 있는 내면의 성취를 보여주고 있다.

확장형 결말

확장형의 결말은 서사 속에서 인물에게 형성된 의식이 주변으로 확장되거나 외부로 표출되는 유형이다. 개인이 처한 문제 상황이 사회적인 은유로 확장되는 경우가 대표적이다. 일반적으로 내화형 결말은 인물의 내적 변화가 사회적 문제로 분출되거나 확장되지는 않는다. 주인공 자기 자신만 변하는 것이다. 반면 확장형 결말의 유형은 주인공의 의식 변화가 외부로 확장된다. 많은 사회주의 리얼리즘의 소설들이 이런 확장의 속성을 지니고 있다.

이런 유형을 대표하는 작품으로는 강경애의 『모자』와 막심 고리키의 『어머니』를 들 수 있다.

사회주의 리얼리즘의 표본으로 일컬어지는 『어머니』는 러시아 혁명시기에 만들어진 혁명적 노동자와 그 어머니의 이야기이다. 자신의 계급적 처지를 자각하고 민중 혁명에 참여해 희생당한 자식을 둔 어머니가 아들의 뒤를 이어 혁명의 대열에 뛰어든다. 이 작품은 어머니의 절규와 호소가 군중들에게 흐느낌을 야기하고 이것이 점차 번져나가는 장면으로 끝을 맺는다.

「피로 이성을 죽이지는 못할 게다.」

어머니는 목과 등을 호되게 떠밀리고 어깨, 머리 할 것 없이 마구 두들겨 맞아 사방이 빙글빙글 돌고, 비명소리, 울부짖는 소리, 호각 소리가 뒤섞여 검은 회오리바람을 일으키는 듯한 느낌을 받았다. 귀가 먹먹해지고 목이 아파 왔으며 질식할 듯 숨이 콱콱 막혔다. 바닥이 발 아래에서 내려앉으며 흔들리고, 다리가 구부러지면서 온몸이 무엇에 데기라도 한 듯 부르르 떨리며 무거워지고 비칠거렸다. 온몸의 기운이 삽시간에 빠져나가는 느낌이었다. 그러나 눈만은 감기지 않고 살아 수많은 다른 눈들이 그녀도 익히 잘 알고 있는 용감하고 날카로운 불꽃으로 타오르고 있음을 보았다. 그 불꽃은 그녀가 진정 사랑해 마지않는 것이었다.

그녀는 문 안으로 떠밀렸다.

그녀는 헌병의 손을 뿌리치고 문설주를 끌어안다시피 붙들었다.

「피바다를 이룬대도 진리는 죽지 않을 것이다…….」

그들이 손을 후려쳤다.

「천벌을 받을 어리석은 놈들! 진리가 네 놈들 머리 위에 떨어질 날이 있을 게다!」

헌병이 그녀의 목을 잡고 누르기 시작했다.

그녀는 쉰 목소리를 냈다. 「불쌍한 것들…….」

그녀에게 대답하기라도 하듯 군중 속에서 누군가 흐느끼는 소리가 새어 나왔다.

— 막심 고리키, 『어머니』, 열린책들, 2012, 452쪽.

소설 『어머니』의 결말은 한 인간의 자각에 그치지 않는다. 어머니는 절대로 이성을 피로 죽이지 못할 것이며 계급적 정의가 승리할 것이라는 의지를 보여준다. 그리고 차르의 억압으로는 결코 낡은 세상을 유지하지 못할 것이라는 어머니의 절규는 점차 대중에게 확산된다. 앞서 살핀 내적 성숙의 결말처럼 내면에서 그치지 않고 자신의 의지를 외부로 표출한 것이다. 그래서 이 소설은 반드시 새로운 세상이 올 것이라는 사회주의 소설의 전범과 같은 작품으로 평가받았다.

확장형 결말을 채택한 대표적인 영화로는 미카엘 하네케 감독의 《피아니스트》를 들 수 있다. 이 작품은 엘프리데 옐리네크의 소설 『피아노 치는 여자』를 영화화한 것으로, 억눌린 욕망과 삐뚤어진 분출을 거친 영상으로 그리고 있다. 주인공 에리카는 어머니에게 욕망을 부끄러운 것으로 주입받으며 자란 피아니스트

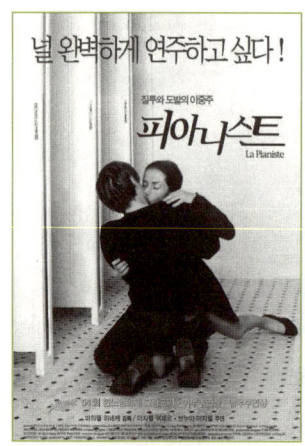 

피아니스트

이자 교수이다. 그녀는 학생들이 한 음이라도 틀리는 것을 용납하지 않는 엄격한 여자인데, 남몰래 포르노를 보거나 타인의 카섹스를 훔쳐보며 성욕을 채운다. 급기야 그녀는 피아노를 치는 공대생 클레머에게 자신을 강간하도록 요구한다. 이를 받아들인 클레머는 에리카를 가학적으로 강간하고, 강간으로 인해 깊은 상처를 입은 에리카는 칼로 자신의 가슴을 찌른다. 평생동안 괴롭히던 억압을 향해서 칼을 꽂는 행위로 내면을 폭발시킨 것이다. 그리고 이 자기파괴 행위는 문을 박차고 비틀비틀 걸어나가는 장면을 통해서 외부로 확장된다.

반전형 결말

　독자와 시청자는 소설을 읽거나 드라마를 보면서 매 순간 앞으로 전개될 서사에 대해 상상하고 예측한다. 자신의 예측대로 이야기가 전개되면 퀴즈를 맞힌 것처럼 즐겁고, 예상에서 벗어나면 놀란다. 그러나 누구나 할 수 있는 예상에서 한 치도 벗어나지 않으면 싫증을 내고, 조금도 예상과 맞지 않으면 고등학생 시험지를 받아든 초등학생이 흥미를 잃는 것처럼 공감대를 잃어 버리게 된다. 그래서 작가들은 독자와 시청자들의 기대에 부응하면서도 호시탐탐 독자와 시청자들의 기대를 배신할 기회를 노린다. 작가가 독자의 기대를 배반할 수 있는 최후의 기회가 바로 마지막 장면이다.

　이 길을 따라가면 도착지가 저기일 줄 알았는데 진히 아니다. 모두의 예상을 뒤엎는 전복적 결말로 서사를 마무리하는 유형을 반전형이라고 한다. 전복적 상상력의 정점에 기 드 모파상의 「목걸이」와 레이몬드 카버의 「당신, 의사세요?」 같은 작품이 있다. 반전의 미학에 능숙한 신상웅의 소설 『돌아온 우리의 친구』

도 뛰어난 전복적 상상력을 보여주는 작품이다.

 1970년대 발표된 『돌아온 우리의 친구』는 친구들이 술집에 모여 중동으로 돈 벌러 갔다 돌아오는 친구를 어떻게 환영할 것인지를 의논한다. 드디어 그들은 귀국하는 친구를 맞으러 공항으로 가고, 독자들은 친구들의 시끌벅적한 재회를 예상한다. 그러나 정작 공항에 도착한 것은 친구의 뼛가루다. 중동에서 죽어 유골로 돌아온 것이다. 전날 친구들이 모여 한 이야기는 모두 죽어 돌아오는 친구에 대한 이야기였다.

 소설을 읽는 독자들은 마지막 순간까지 중동에서 한몫 챙겨 폼 잡고 돌아오는 친구의 모습을 나름대로 상상하며 작품을 읽었는데, 결국은 살아 있는 사람이 아니었던 것이다. 작가는 이런 극적 반전을 통해 한 시대, 한 인간의 비극성을 극대화한다. 유쾌하게 친구 환영식으로 시작하지만 결말에 가면 죽음이 기다리고 있다. 이렇게 반전을 통해 작품의 효과를 극대화하는 방식이 반전형 결말이다.

 모파상의 「목걸이」의 마지막 장면에서 포레스티 부인이 던진 이 한마디는 경악할만한 반전이다.

> "아! 가엾은 마틸드! 내 것은 가짜였어. 기껏해야 5백 프랑밖에 안 나가는……."
>
> ─기 드 모파상, 「목걸이」, 『모파상 단편선』, 문예출판사, 2006, 38쪽.

주인공은 포레스티 부인에게 빌린 목걸이를 잃어버리고 그걸 돌려주기 위해서 빚을 얻는다. 그리고 빚을 갚기 위해서 10년 동안 비참한 생활을 한다. 우연히 만난 포레스티 부인은 목걸이가 모조품이라고 말해준다. 주인공은 목걸이 때문에 자기 청춘을 다 바쳤는데 정작 그 목걸이는 모조품이었던 것이다. 허영이 인생에 지불한 대가가 이 한 마디에 의해서 극대화된다.

레이몬드 카버의 단편 「당신, 의사세요?」는 출장 간 아내의 전화를 기다리던 주인공 아놀드가 뜻밖의 여인으로부터 전화를 받는 것으로 시작된다. 통화를 하는 사이 아놀드는 여자에게 남편이 없다는 사실을 알게 된다. 상대 여자도 아놀드의 아내가 출장 중이란 걸 알게 된다. 사뭇 흥미진진한 상황이다. 그러나 소설의 마지막 장면은 보기 좋게 주인공 아놀드의 뒤통수를 친다.

그는 전화벨이 그칠 때까지 손가락 사이에 열쇠를 끼운 채 방 한가운데에 숨소리도 내지 않고 서 있었다. 그러고는 가슴에 손을 살짝 대고 몇 겹으로 껴입은 옷 위로 자신의 심장 박동을 느껴보았다. 잠시 후 그는 침실로 들어갔다.

들어가는 것과 거의 동시에 전화가 다시 살아났다. 이번에는 전화를 받았다.

"아놀드, 아놀드 브레이트입니다."

"아놀드? 세상에, 오늘 밤엔 격식을 차리는군요!"

목소리에 힘을 주며 비꼬듯이 그의 아내가 말했다.

"아홉시부터 전화를 했어요. 밖에서 흥청망청하는 거예요, 아놀드?"

그는 말없이 그녀의 목소리를 가늠해보았다.

"듣고 있어요, 아놀드? 당신 목소리 같지가 않네요."

그녀가 말했다.

— 레이먼드 카버, 「당신, 의사세요?」, 『제발 조용히 좀 해요』, 문학동네, 2004, 68쪽.

뒤통수를 얻어맞은 것은 독자들도 마찬가지다. 미지의 여성에 대한 아놀드의 심중을 분명히 알 수 없었던 독자들은 전화벨 소리를 듣고 자신의 심장박동을 느껴보는 행동을 보며 상황의 진전을 잔뜩 기대하게 된다. 그러나 격식을 차려 받은 전화는 아내의 것이다. 아내의 비꼬는 목소리를 가늠하던 아놀드는 전화를 걸어왔던 미지의 여성이 바로 아내였다는 것을 비로소 눈치 챈다. 레이몬드 카버다운 깔끔한 반전이다.

정성희 극본의 드라마 《자명고》는 낙랑공주와 호동왕자의 설화를 활용한 비극적 로맨스다. 설화의 원형에서 낙랑공주가 찢었던 자명고를 북이 아닌 사람으로 설정을 바꾼 이 드라마도 흔히 로맨스 서사가 그렇듯 뛰어넘기 어려운 장애물이 등장하고

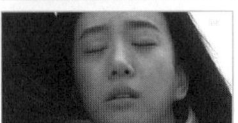

자명고

주인공은 선택의 기로에 선다.

 부여출신의 어머니를 둔 호동이 고구려에서 살아남기 위해서는 아버지인 대무신왕의 신임을 얻어 태자가 되어야만 한다. 아버지의 신임을 얻는 길은 낙랑을 무너뜨리는 것이다. 그러나 호동은 자신이 무너뜨려야 할 낙랑의 왕녀 자명과 사랑에 빠지고 만다. 낙랑을 손에 넣기 위해서는 자명을 죽여야 한다. 호동과 사랑에 빠진 자명의 사정도 다르지 않다. 낙랑을 수호하기 위해서는 호동을 죽여야 한다.

 자명을 죽이고 고구려의 통수권자가 될 것인가. 아니면 권력과 목숨을 내놓고 사랑을 선택할 것인가. 호동을 죽이고 낙랑의 백성과 나를 구할 것인가. 왕녀의 책무를 저버리고 사랑을 선택할 것인가. 호동과 자명의 사랑을 피할 수 없는 선택의 기로에 세운 작가는 마지막 순간까지 결단을 미룬다.

 시청자들은 이 둘의 선택을 나름대로 상상한다. 예상답안은 넷이다. ① 호동과 자명이 각자의 권력과 책무를 선택하는 것 ② 호동과 자명이 사랑을 선택하는 것 ③ 호동은 권력을, 자명은 사랑을 선택하는 것 ④ 호동은 사랑을, 자명은 책무를 선택하는 것.

 마지막 결단의 순간, 호동 역을 맡은 정경호의 칼이 자명 역을 맡은 정려원의 등을 찌르는 순간 시청자들은 이 네 가지 중에 자신이 고른 답안을 떠올렸을 것이다. 그러나 카메라가 멀어지며 서로 부둥켜안은 채 무너져 내리는 두 사람을 멀리서 비췄을 때

호동이 자명을 찔렀다고만 생각했던 시청자들은 경악한다.

　호동의 칼끝은 자명을 통과하여 호동의 가슴을 관통했다. 그들은 권력과 책무를 선택하지 않았다. 더 정확히는 자신들에게 강요된 선택을 거부했다. 그들은 생을 거부함으로써 세상이 만들어놓은 선택을 거부한 것이다. 예상을 뒤엎는 이 마지막 장면의 반전은 《자명고》를 시청자들이 뇌리에서 쉽게 지우지 못하게 만들었다.

회귀형 결말

 첫 장면과 마지막 장면이 이어지거나 겹치는 유형을 회귀형 결말이라고 한다. 회기형의 마지막 장면은 돌고 돌아 제자리로 돌아오는 결말을 가지고 있다. 이는 중간 과정에서 우여곡절을 겪지만 결국에는 처음 이야기를 시작했던 자리로 돌아옴으로써 문제의 핵심을 강조하는 기법이다. 긴 여정을 쫓아 이야기의 결말에 다다랐지만 그곳이 출발한 그 자리와 다르지 않을 때, 같은 장면임에도 처음과는 전혀 다른 의미와 효과를 지닌다.
 그 효과란 독자를 단순히 이야기의 시작 지점으로 돌려보내는 것이 아니라, 이야기가 시작된 지점으로 거슬러 올라가도록 하여 서사의 의미와 정서적인 감흥을 되짚어 보게 만드는 것이다.
 회귀형 결말을 가진 대표적인 작품으로는 카뮈의 『이방인』과 아옌데의 『영혼의 집』, 김동리의 「찔레꽃」 등을 들 수 있다. 이 중 「찔레꽃」의 시작 장면은 가난 때문에 헤어져야 하는 모녀의 안타까움을 그리고 있다.

올해사 말고 보리 풍년은 유달리도 들었다.

푸른 하늘에는 솜뭉치 같은 흰 구름이 부드러운 바람에 얹혀 남으로 남으로 퍼져 나가고 그 구름이 퍼져 나가는 하늘가까지 훤히 벌어진 들판에는 이제 바야흐로 익어가는 기름진 보리가 가득히 실려 있다. 보리가 장히 됐다 됐다 해도 칠십 평생에 처음 보는 보리요, 보리 밭둑 구석구석의 찔레꽃도 유달리 야단스럽다. 보리 되는 해 으레 찔레도 되렷다.

"매애 매애."

찔레꽃을 앞에 두고 갓 난 송아지가 울고,

"무우 무우."

보리밭둑 저 너머 어미 소가 운다.

― 김동리, 「찔레꽃」, 『무녀도: 김동리 단편선』, 문학과지성사, 2012, 156쪽.

가난 때문에 헤어져야 하는 모녀가 안타까워하는 모습을 그린 첫 장면은 마지막 장면에서도 그대로 다시 쓰인다. 첫 장면의 반복을 통해서, 오랜만에 보리 풍년이 들었는데도 가난 탓에 헤어져야만 하는 모녀의 운명이 그대로임을 보여준다. 풍성하게 핀 찔레꽃과 가난한 모녀의 운명을 대비시키는 장면의 외형은 반복이지만 내용적으로는 다른 깊이를 지닌 대비다. 이 대비를 통해서 모녀의 별리를 둘러싼 비극성은 새롭게 증폭된다.

임상수 감독의 영화《하녀》와 구스 반 산트 감독의 영화《아이다호》도 회귀형 결말을 가지고 있다.

동성애 장면으로 국내에서 수난을 겪어야했던 영화《아이다호》의 마지막 장면에서 주인공 마이크(리버 피닉스)는 끝없이 펼쳐진 지평선 사이로 뚫린 왕복 2차선 도로 위에 서 있다. 어머니를 찾아 떠난 여행에서 친구 스코트(키아누 리브스)를 잃은 마이크는 노래한다.

"나는 도로 감식가야. 난 평생을 길의 맛을 봤어. 이 길은 영원히 끝나지 않을 거야. 이 길로 세상 어디로도 갈 수가 있어."

아버지는 누구인지 모르고, 어머니는 정부를 살해한 혐의로 교도소에 들어간 다음 고아가 되어 고향 아이다호를 떠났던 마이크는 다시 길 위에 선다. 그리고 고질병인 기면증(긴장하면 기절을 하는 병)으로 쓰러진다. 지나가던 차 한 대가 멈춰서 그의 짐과 신발을 훔쳐 달아난다. 그리고 다른 차 한 대가 멈춰서 그를 싣고 떠난다. 영화가 끝난다. 지금까지 그래 왔던 것처럼 그는 또 다른 어떤 곳에서 깨어날 것이다. 엔딩 크레딧이 올라가고 있지만 관객들은 객석에서 일어서지 못한다. 스크린에서 보이는 장면은 흡사 영화가 다시 시작되고 있는 것 같다.

《아이다호》의 마지막 장면은 첫 장면으로의 회귀다. 마이크의 역을 맡은 리버 피닉스는 자신의 의지와 상관없는 곳으로 실려 간다. 길은 끝없이 열려 있고, 그의 방황은 다시 시작된다.

아이다호

개방형 결말

인간은 이야기와 더불어 살고 이야기로 남겨진다.

시대가 변하고 미디어는 진화하지만 이야기에 대한 관심은 줄어든 적이 없다. 서사예술이 쇠락하지 않는 이유는 이야기를 하는 사람 못지않게 읽고 보는 사람의 몫이 언제나 존재하기 때문이다. 개방형 결말은 독자와 관객의 몫을 가장 많이 남겨두는 유형이다. 이러한 유형의 결말은 인물의 이어지는 삶이나 사건의 파급, 이야기의 은유를 독자의 판단에 맡긴다. 심지어 이야기의 대단원이 어떻게 막을 내릴지조차 독자의 상상에 맡겨버리기도 한다.

이런 유형의 마지막 장면을 가진 대표적인 작품으로는 하재영의 「밥 같이 먹을래요?」와 아베 코보의 『모래의 여자』가 있다.

하재영의 단편소설 「밥 같이 먹을래요?」의 주인공은 혼자서 밥 먹기 싫어하는 사람과 함께 밥 먹어주는 일을 하는 여자다. 작가는 마지막 장면에서 독자에게 묻는다. 당신도 혼자 밥을 먹어 본 적이 있나요? "당신은 왜 혼자 밥을 먹어요?" 대답은 여지없이 독자의 몫으로 남는다.

세상에는 한번도 혼자 밥 먹어본 적 없는 사람들이 있겠죠. 혼자 먹으니 굶고 마는 사람들이 있겠죠. 그러나 욕망은 차치하고라도 생존을 위해, 어쩔 수 없이, 혼자라도 먹어야 하는 사람들이 있잖아요. 바로 내 고객들처럼. 그들에게는 그럴 수밖에 없는 사정이 있어요. 그 사정에는 각자의 인생이 가진 가혹함이 있고요. 그런데 말이죠,

당신은 왜 혼자 밥을 먹어요?

— 하재영, 「달팽이들」, 『같이 밥 먹을래요?』, 창비, 2011, 30쪽.

아베 코보의 문제작 『모래의 여자』는 곤충 채집을 하러 떠난 남자의 실종을 둘러싼 이야기다. 주인공 니키 준페이의 실종에 대해서 사람들은 남녀의 문제로 인한 도피나 자살 등 갖가지 추측을 한다. 곤충채집 때문이라고 말하는 그의 아내는 정신이 이상한 사람으로 취급당한다. 작가는 소설의 마지막 장면을 니키 준페이의 실종 사건에 대한 법원의 확정 판결문으로 대체하고 있다.

판결

신청인   니키 시노
부재자   니키 준페이
            1927년 3월 7일생

위 부재자에 대한 실종 선고 신청 사건에 대하여, 공시 최고 절차를 밟은바, 부재자를 1955년 8월 18일 이후 7년 이상 생사를 알 수 없는 자로 확인하고, 다음과 같이 판결한다.

주문
부재자 니키 준페이를 실종자로 확인함.

1962년 10월 5일
가정법원
가사심판관

— 아베 코보, 『모래의 여자』, 민음사, 2004, 229쪽.

그러나 이 확정 판결문이 니키 준페이가 사랑에 빠진 것인지, 아니면 다른 이유로 돌아올 수 없게 된 것인지를 확정하지는 못한다. 독자는 니키 준페이가 모래 구덩이에 갇혀 끊임없이 삽질을 하며 겪게 되는 심리적 변화를 알고 있다. 하지만 이 환상적인 이야기를 받아들일지, 실종사건과 법원의 확정 판결문만을 수용할지는 오직 독자의 몫이다.

개방형의 결말을 가진 영화로는 홍상수의 《북촌 방면》, 페드로 알모도바르의 《내가 사는 피부》, 마틴 스콜세지의 《셔터 아일랜드》가 대표적이다.

데니스 루헤인의 동명소설 『셔터 아일랜드』를 영화화한 이 작품은 연방 보안관인 테디 다니엘스(레오나르도 디카프리오)가 동료 척 아울(마크 러팔로)과 함께 셔터아일랜드의 정신병원으로 향하는 것으로 시작한다. 셔터아일랜드는 중범죄를 저지른 정신병자를 격리하는 곳으로, 아무도 빠져나갈 수 없는 고립된 섬이다. 하지만 자식 셋을 죽인 혐의를 받고 있는 여인은 이상한 쪽지만을 남기고 사라졌다. 병원관계자를 심문하며 의혹을 밝혀나가던 테디는 등대가 환자들을 실험하는 비밀의 장소로 파악하고 접근한다. 그 과정에서 테디는 무서운 사실을 알게 된다. 테디 자신이 셔터 아일랜드에 2년간 수용되었던 환자고, 아내를 죽였으며, 그곳의 사람들은 회복불능의 위험한 환자인 자기를 죽이려했던 사실을. 이 모든 상황은 위태로운 테디를 살리기 위해서 사람들이 꾸민 연극이었다. 자신의 아내가 아이들을 죽였고, 그런 아내를 죽인 것이 자기란 것을 모두 알게 된 테디는 동료 척에게 묻는다.

"궁금한 게 있는데, 자네라면 어쩔 건가? 괴물로 살아갈 텐가. 아니면 선량한 사람으로 죽겠나?"

테디는 자신이 여전히 회복되지 않은 정신병자로 행세하게 되면 죽으리라는 것을 알고 있다. 영화의 마지막 장면에서 테디 역을 맡은 레오나르도 디카프리오는 정신이 돌아오지 않은 사람처럼 행동하며 사람들을 향해 걸어간다. 영화는 관객에게 묻고 있다. 괴물로 살아갈 텐가, 아니면 선량한 사람으로 죽겠나?

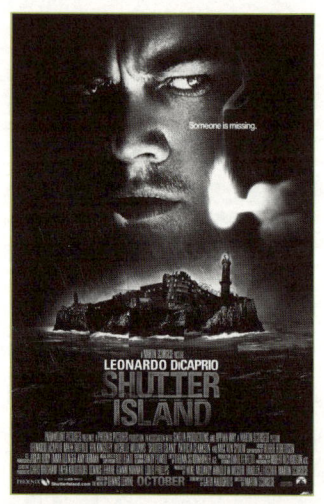

셔터 아일랜드

제7장

핵심 장면은
서사 전략의 승부처다

핵심 장면의 중요성

소설을 처음 쓰려는 사람들이 가장 흔히 하는 이야기가 있다. 소설을 어디서부터 어떻게 시작해야 할지 막막하다는 것이다. 시나리오나 드라마 극본을 처음 쓰려는 사람들도 다르지 않다. 오래 전부터 생각해 둔 이야기가 있는데 무엇부터 시작해야 될지 모르겠다는 것이다. 나는 늘 이렇게 대답해왔다.

"첫 장면과 마지막 장면을 먼저 정하고, 그다음에 처음과 마지막을 무엇으로 채우고 이을지 궁리하세요."

서사창작의 첫걸음은 시작 장면과 마지막 장면을 구상하는 것이다. 그런데 첫 작업부터 막연하다면, 사전에 해야 할 일이 있다. 자신이 하고 싶은 이야기의 가장 핵심이 되는 장면을 구체화해보는 것이다. 그 장면은 하나일 수도 있고, 둘일 수도 있고, 다수일 수도 있다. 그 장면이 어디에 놓일지는 상관없다. 나중의 문제다. 시작 장면과 마지막 장면의 구상을 마치고 서사의 핵심 장면마저 구체화했다면, 서사예술의 완성에 이르는 징검다리를 모두 놓은 것이다.

서사의 핵심 장면이 중요한 이유는, 서사를 창작하는 행위가 바로 서사의 핵심 장면을 극대화하고 확장하는 과정이기 때문이다. 작가로 하여금 지치지 않고 서사를 끝까지 밀어붙이게 하는 힘의 원천도 서사의 핵심이 되는 그 장면 안에 꿈틀거리고 있다.

핵심 장면의 역할

 핵심 장면이란 무엇일까. 이것은 서사작품의 모든 것이라고 말해도 지나친 표현이 아니다. 그렇다면, 자신이 구상하는 작품의 구체적인 핵심 장면은 무엇이 될까. 만약 작가나 감독이 자신이 계획한 서사작품에서 핵심 장면이 무엇인지 알 수 없다면, 아직 작품을 시작할 준비가 안 된 것이다. 그래도 첫 장면과 마지막 장면에 대한 구상이 대략 끝났다면, 핵심 장면을 추정하는 일은 어렵지 않다.
 예를 들어, 마지막 장면을 서사 속의 인물이 내적인 성숙을 이루는 내화형 결말로 정했다면, 주인공이 내적 변화를 겪거나 이를 야기하는 사건이 핵심 장면이 될 것이다. 또는, 모두의 예상을 뒤엎는 전복적 결말로 서사를 마무리하기로 결정했다면, 독자나 관객이 자신의 예측을 확신하게끔 만들거나 이를 배반하는 장면이 핵심 장면이 될 가능성이 높다.
 서사에서 핵심 장면의 역할은 시작 장면과 마지막 장면에 비해 조금도 모자라지 않다. 우리가 다른 사람에게 드라마의 줄거리를 설명할 때, 시작 장면과 핵심 장면과 마지막 장면 중 어느 하나라도 빠뜨린다면 상대방은 서사 내용뿐만 아니라 서사의 의미도 이해할 수 없을 것이다. 서사예술이란 인생에 대한 미적 탐색행위인데, 오늘의 내가 어떤 경험으로 인해 어제의 어떤 나를 깨고 나왔는지 알 수 없다면 서사예술은 여지없이 존재의 의미를 잃고 만다.

헤르만 헤세의 소설 『데미안』의 핵심 장면 중 하나는 주인공인 에밀 싱클레어가 쉬는 시간에 쪽지를 발견하는 대목이다. 수업시간에 친한 친구끼리 몰래 쪽지를 주고받을 때처럼 접힌 쪽지를 보고 싱클레어는 장난으로 여기고 읽지 않는다. 그에겐 쪽지를 주고받을만한 친구가 없기 때문이다. 그러다 싱클레어는 우연히 손에 잡힌 쪽지를 수업시간에 읽게 된다.

나는 그 종이를 만지작거리다가 무심코 펴보고, 그 안에 몇 마디 글자가 쓰여 있는 것을 발견했다. 그것을 훑어보다가 어떤 글에 눈길을 고정시키고 깜짝 놀라 읽어 보았다. 그러는 동안 내 심장은 혹독한 추위를 만났을 때처럼, 운명 앞에 오그라들었다.

'새는 알을 깨고 나오려고 싸운다. 알은 세계이다. 태어나려는 자는

> 하나의 세계를 파괴해야 한다. 새는 신에게 날아간다. 그 신의 이름은 아브락사스이다.'
>
> 나는 몇 번이고 이 글을 읽은 뒤 깊이 생각에 잠겼다. 의심할 여지 없이 데미안의 답장이었다. 나와 그를 제외하고는 그 새에 대해 아는 사람은 아무도 없었다.
>
> ― 헤르만 헤세, 『데미안』, 현대문학, 2013, 129쪽.

성장기에 불안과 혼란을 겪던 싱클레어는 이 쪽지를 자신의 정신적 지주였던 데미안이 보냈다고 확신한다. 그리고 이 쪽지의 글귀로 인해 자신이 직면한 문제를 스스로 돌파해나가야 한다는 사실을 깨닫는다. 『데미안』은 총 일곱 장으로 구성되어 있는데, 이중 다섯 번째 장에 나오는 이 장면이 핵심 장면인 이유는 외부세계와의 갈등을 겪으며 방황하던 싱클레어가 정신적으로 도약하게 되는 분기점이기 때문이다.

서사의 중추가 되는 핵심 장면은 시작과 마지막 장면이라고 예외가 되지 않는다. 아니, 서사 전체의 의미를 확장시키는 작업에서 예외란 존재하지 않는다. 이런 사실을 잘 보여주는 작품은 알베르 카뮈의 소설 『이방인』이다.

실존주의 문학의 정수인 『이방인』의 핵심 장면 중 하나는 주인공 뫼르소가 알제리인을 살해하는 대목이다. 그가 저지른 살인은 계획적인 것도 충동적인 살의에서 비롯된 것도 아니었다. 오로지 강렬한 태양과 눈꺼풀로 흘러내린 땀방울 때문이었다.

내가 뒤로 돌아서기만 하면 일은 끝나는 것이라고 생각되었다. 그러나 햇볕에 진동하는 해변이 내 뒤에서 죄어들고 있었다. 나는 샘으로 향하여 몇 걸음 나섰다. 아랍 사람은 움직이지 않았다. 그는 그래도 아직 내게서 꽤 멀리 떨어져 있었던 것이다. 아마도 얼굴 위에 덮인 그늘 탓이었던지 웃고 있는 것처럼 보였다. 나는 기다렸다. 뜨거운 햇볕에 뺨이 타는 듯했고 땀방울이 눈썹에 맺히는 것을 나는 느꼈다. 그것은 어머니의 장례식을 치르던 그날과 똑같은 태양이었다. 그날과 똑같이 머리가 아팠고, 이마의 모든 핏대가 한꺼번에 다 피부 밑에서 지끈거렸다. 그 햇볕의 뜨거움을 견디지 못하여 나는 한 걸음 앞으로 나섰다. 나는 그것이 어리석은 짓이며, 한 걸음 몸을 옮겨본댔자 태양으로부터 벗어날 수 없다는 것을 알고 있었다. 그렇지만 나는 한 걸음, 다만 한 걸음 앞으로 나섰던 것이다. 그러자 이번에는 아랍 사람이, 몸을 일으키지는 않고 단도를 뽑아서 태양빛에 비추며 나에게로

겨누었다. 빛이 강철 위에서 반사하자, 번쩍거리는 길쭉한 칼날이 되어 나의 이마를 쑤시는 것 같았다. 그와 동시에, 눈썹에 맺혔던 땀이 한꺼번에 눈꺼풀 위로 흘러내려 미지근하고 두꺼운 막이 되어 눈두덩을 덮었다. 이 눈물과 소금의 장막에 가리어서 나의 눈은 보이지 않았다. 다만 이마 위에 울리는 태양의 심벌즈 소리와, 단도로부터 여전히 내 앞으로 뻗어 나오는 눈부신 빛의 칼날을 느낄 수 있을 뿐이었다. 그 뜨거운 칼날은 속눈썹을 쑤시고 아픈 두 눈을 파헤치는 것이었다. 모든 것이 기우뚱한 것은 바로 그때였다. 바다는 무겁고 뜨거운 바람을 실어 왔다. 하늘은 활짝 열리며 불을 비 오듯 쏟아놓는 것만 같았다. 나는 온몸이 긴장하여 손으로 피스톨을 힘 있게 그러쥐었다. 방아쇠가 당겨졌고, 나는 권총 자루의 매끈한 배를 만졌다. 그리하여 짤막하고도 요란스러운 소리와 함께 모든 것이 시작되었던 것이다. 나는 땀과 태양을 떨쳐버렸다. 나는 한낮의 균형과, 내가 행복을 느끼고 있던 바닷가의 예외적인 침묵을 깨뜨려버렸다는 것을 깨달았다. 그때 나는 그 굳어진 몸뚱이에 다시 네 방을 쏘았다. 총탄은 깊이, 보이지도 않게 들어박혔다. 그것은 마치, 내가 불행의 문을 두드린 네 번의 짧은 노크 소리와도 같은 것이었다.

— 알베르 카뮈, 「이방인」, 『알베르 카뮈 전집』 2권, 책세상, 2010, 499-500쪽.

뫼로소에게 "어머니의 장례식을 치르던 그날의 태양과 똑같은 태양"은 트라우마가 되어 그의 "온 존재"를 긴장시켰고 움켜쥔 권총의 방아쇠를 당기게 만들었다. 이 장면은 『이방인』 전체를 관통하며 확장된다. 살인 혐의로 기소된 그의 재판에서 가장 중요한 문제는 계획적인 살인이었는가, 혹은 우발적인 살인이었는가, 하는 점이다. 뫼로소는 자신의 살인이 결코 계획적이지 않았음을 입증하기 위해 혼신을 다 해야 했다. 그러나 법정에 선 그는 "태양 때문에" 살인을 저질렀다고 진술한다. 분명한 사실이었지만 그는 비웃음거리가 되고 배심원들의 신뢰와 동정을 완전히 잃는다. 결국 뫼로소는 어머니의 장례식에서 눈물조차 보이지 않은 냉혈한으로 몰려 사형을 언도받는다. 그러나 소설의 마지막 장면인 '생의 마지막 장면'에서 그는 한 치의 동요도 없이 담담하게 말한다.

모든 것이 완성되도록 하기 위해서, 내가 덜 외롭게 느껴지기 위해서, 나에게 남은 소원은 다만, 내가 사형 집행을 받는 날 많은 구경꾼들이 와서 증오의 함성으로써 나를 맞아주었으면 하는 것뿐이다.

— 알베르 카뮈, 「이방인」, 『알베르 카뮈 전집』 2권, 책세상, 2010, 560쪽.

핵심 장면은 마지막 장면뿐만 아니라 첫 장면에도 놓여있다. 생에 대한 욕망이 부재한 주인공의 성격을 분명하게 제시하여 서사의 전개 과정 전체를 끌어낸다.

> 오늘 엄마가 죽었다. 아니 어쩌면 어제. 양로원으로부터 전보를 한 통 받았다. '모친 사망, 명일 장례식. 경백(敬白).' 그것만으로써는 아무런 뜻이 없다. 아마 어제였는지도 모르겠다.
> ― 알베르 카뮈, 「이방인」, 『알베르 카뮈 전집』 2권, 책세상, 2010, 445쪽.

프랭크 다라본트 감독의 영화 《쇼생크 탈출》의 핵심 장면은 앤디 듀프레인(팀 로빈스)의 누명을 벗겨줄 신참 죄수 토미(길 벨로우스)가 살해당하는 대목이다. 젊고 유능한 은행 간부인 앤디 듀프레인은 아내를 살해한 죄로 쇼생크 감옥에 수감된다. 그는 자신의 결백을 증명하기 위해 온갖 노력을 다해보지만 모두 실패한다. 낙담한 그는 감옥 안에서 죄수들을 도우며 시간을 보낸다. 그리고 뛰어난 회계 능력을 발휘해 한 교도관의 세금을 감면받게 해 준 일을 계기로 교도소장 워든 노튼(밥 건튼)이 죄수들로부터 갈취한 '검은 돈'을 관리하게 된다. 그러던 어느 날, 죄수 토미가 쇼생크에 들어온다. 토미는 듀프레인에게 자신이 듀프레인의 아내를 살해한 범인을 알고 있다고 말한다. 듀프레인은 누명을 벗을 기회를 맞았지만, 교도소장은 토미를 불러내 듀프레인의 결백을 증명할 수 있는지 거듭 확인한다. 그리고 토미가 듀프레인의 결백을 증명하기 위해서 법정에 설 의사가 있음을 확인한 교도소장은 그 자리에서 토미를 무참하게 죽인다.

월든 그 얘기를 듣고 내가 얼마나 놀랐는지, 밤에 잠도 잘 못 잤을 정도라니까. 때로는, 올바른 일이 어떤 것인지를 알기가 어려워. 내 말 알겠나? 자네 도움이 필요해. 내가 조치를 취하려면 조금의 의혹도 있어서는 안 돼. 듀프레인에게 자네가 말 한 것이 사실인지 알아야해.

토미 네. 사실입니다.

월든 법정에서도 맹세할 준비가 되어있나? 성서에 손을 얹고 전능하신 주님 앞에 맹세할 수 있나?

토미 네. 기회만 주십시오.

월든 역시 내가 생각했던 대로군.

이 장면은 권력의 횡포를 보여주는 동시에 듀프레인이 탈옥을 결행하게 만드는 결정적인 계기가 된다. 그리고 두 번의 종신형을 선고받아 투옥되는 시작장면과 탈옥을 감행하여 행복을 되찾는 마지막 장면을 잇는 역할을 하면서, 관객들이 앤디 듀프레인의 탈출과 월든의 자살로부터 마음껏 희열을 느끼도록 만든다.

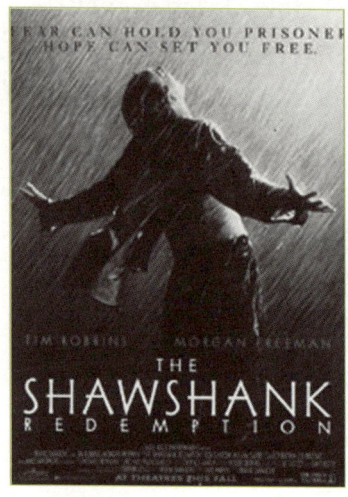

쇼생크 탈출

이창동 감독의 영화 《밀양》의 핵심 장면은 신애(전도연)가 아들 준(선정엽)이를 죽인 살인범 박도섭(조영진)을 교도소에서 면회하는 장면이다.

박도섭 저도 믿음을 가지게 되었거든예. 여, 교도소에 들어온 뒤
로…… 하나님을 가슴에 받아들이게 됐심더. 하나님이 이 죄
많은 인간한테 찾아와 주신 거지예.

신애는 말없이 박도섭을 쳐다본다. 박도섭은 믿음을 가진 사람답게 아주 평화롭고 안정되어 보인다.

신 애 (이윽고) ……그래요? 하나님을 알게 되었다니 다행이네요.
박도섭 예, 얼마나 감사한 일입니꺼? 하나님이 저한테, 이 죄 많은
놈한테 손 내밀어 주시고, 그 앞에 엎드리가 지은 죄를 회개
하도록 하고, 제 죄를 용서해주셨습니더.
신 애 하나님이…… 죄를 용서해주셨다고요?
박도섭 예! 눈물로 회개하고 용서 받았습니더. 그리고나서부터 마음
의 평화를 얻었심. 잠도 잘 자고…… 아침에 일어나자마자
기도하고…… 하루하루가 얼마나 감사한지 모릅니다. 인제
아무 여한이 없습니다. 어떤 처벌을 받더라도, 사형이 돼도
달게 받을 마음의 준비를 하고 있습니다. 정말로…… 장기기
증까지 다 해 두었심더. 이 죄 많은 인간의 몸이라도 하나님
이 주신 거라 가치 있게 쓰일 수 있으면 좋겠다, 그런 생각했

심더. 하나님한테 회개하고 용서받았으이 이렇게 편합니다, 내 마음이. (가슴에 손을 얹는다.)

신애 …….

박도섭 요새는 내가 기도로 눈 뜨고 기도로 눈 감습니다. 준이 어머니를 위해서도 기도 마이 합니다. 빼놓지 않고 늘 합니다. 죽을 때까지 할 낍니더. 그런데 인제 이래 만나고 보이, 하나님이 역시 제 기도를 들어주시는갑심더.

언제부터인가 신애는 아무런 말도 하지 못하고 있다.

"하나님을 가슴에 받아들이게 되어" "눈물로 회개하고 용서받아" "마음의 평화를 얻었다"는 살인범 박도섭의 말은 비수가 되어 신애의 심장을 파고든다. 신애는 박도섭을 용서하기 위해서 교도소를 찾았지만 이미 박도섭은 하나님께 죄를 용서받았다는 것이다. 신애가 할 수 있는 일은 아무것도 없다. 그리고 아무런 말도 하지 못한다. 아들을 빼앗기고 용서할 수 있는 권리마저 빼앗긴 신애의 분노가 폭발하는 다음 장면도 《밀양》에서 빼놓을 수 없는 핵심 장면이다.

신 애 (자리에서 일어나며) 용서하고 싶어도 난 할 수가 없어요! 그 인간은 이미 용서를 받았대요! 하나님한테! 그래서 마음의 평화를 얻었대요!

김집사 (신애를 진정시키려 붙들며) 아이고, 와 이라노? 목사님 기도 중에……. 그래 하나님이 용서하셨으이까네…… 이선생도 용서해야지.

신 애 이미 용서를 받았는데, 내가 어떻게 다시 용서할 수 있어요? 내가 그 인간을 용서하기도 전에 어떻게 하나님이 먼저 그를 용서할 수 있어요? 난 이렇게 괴로운데 그 인간은 하나님 사랑으로 용서받고 구원 받았어요! 어떻게 그럴 수가 있어요? 왜? 왜애?

모두들 어찌할 바를 모르고 그녀를 쳐다보고만 있다. 사이.

신 애 이제…… 죄송하지만 돌아가 주세요. 저 할 일이 많거든요.

말을 마친 그녀는 몸을 돌려 부엌 쪽으로 걸어간다. 사람들 선뜻 일어나지 못하고 보고만 있다. 갑자기 부엌 쪽에서 찢어지는 듯한 비명 소리가 들린다. 종찬이 놀라 달려간다.

밀양

  이 두 장면은 영화《밀양》의 첫 장면과 긴밀하게 연결되어 있다. 신애는 아들 준과 단 둘이 남편의 고향인 밀양으로 온다. 교통사고로 죽은 남편에게는 애인이 있었지만 신애는 그 사실을 부정하고 남편의 고향에서 아들과 살아가려고 한다. 이미 남편의 육신과 정신을 모두 잃은 신애에게서 아들마저 빼앗아 갈 권리가 누구에게 있단 말인가. 게다가 살인범을 용서할 권리마저 빼앗아 갈 자격은 누구에게 있단 말인가.
  두 핵심 장면은 마지막 장면과도 팽팽하게 연결되어 있다. 신애는 자살에 실패하고 오랜 요양생활을 마친 뒤 밀양으로 돌아온다. 신애는 종찬(송강호)과 함께 가장 먼저 미용실로 향한다.

박도섭의 딸에게 머리카락을 맡긴 채 앉아있던 신애는 갑자기 뛰쳐나온다. 신애는 마당에서 거울을 세워두고 혼자 머리카락을 마저 자른다. 바닥에 떨어진 머리카락은 이내 바람에 쓸려간다. 마당 구석에는 세제용기가 뒹굴고 갈대가 바람에 흔들리며 이리저리 볕을 쬔다. 눈부신 햇살은 그림자가 드리운 곳을 마냥 그대로 두지 않는다. 그리고 두 핵심 장면도 머리카락처럼 바람에 쓸려가고 그림자처럼 햇볕에 지워진다.

제8장

서사예술의
아홉 가지 유형

모든 서사에는 시작과 끝이 있고, 시작과 끝을 잇는 중간이 있다. 모든 서사에는 시작 장면과 마지막 장면이 있고, 시작 장면과 마지막 장면을 잇는 핵심 장면이 있다.

시작 장면의 역할은 서사 세계에 찾아온 독자를 편안하게 안내하고 설렘과 기대를 품은 채 한발 한발 내딛게끔 하는 것이다. 나를 이끄는 곳이 어디든 분명히 뭔가 대단한 일이 생길 거야, 하는 즐거운 설렘을 불러일으키는 것이 첫 장면이다. 의미의 실로 짠 중대한 사건이 우리를 기다리고 있을 거라는 기대를 불러일으키는 것도 첫 장면이다.

마지막 장면의 역할은 서사 세계에서 떠나는 독자들에게 깊은 여운과 감동을 심어주는 것이다. 서사 세계에서 빠져나와서도 서사 속의 인물과 이야기를 쉽게 잊을 수 없도록 각인시키는 것이 마지막 장면이다. 멋진 여행은 일상으로 돌아간 뒤에도 사람들에게 아쉬움으로 남는다. 멋진, 훌륭한 서사도 독자들에게 아쉬움을 남긴다. 서사 속 인물과의 작별이 너무나 아쉬울 때, 서사 속 세계가 너무나 매혹적일 때, 독자들은 쉽게 발길을 돌리지 못한다.

서사의 중간, 그리고 핵심 장면은 시작 장면에서 마지막 장면에 도달하기까지의 과정이고 서사의 알리바이다. 시작에서 결말에 이르는 이야기의 전개가 그럴 법하지 않거나 인물의 행동이 타당하지 않으면 서사의 설득력은 확보될 수 없다. 그렇다고 서사의 중간이 단지 알리바이를 증명하는데 그쳐서도 안 된다. 경찰에 소환된 피의자는 수사관에게 자신의 알리바이만 입증하면 되지만, 서사예술에서는 독자와 관객의 흥미와 공감을 이끌어 낼 알리바이가 필요하다. 훌륭한 작가는 서사의 중간을 방어적인 알리바이가 아니라 긴장과 감동으로 채울 능력이 있는 사람이다.

서사예술의 완성은 시작 장면과 마지막 장면, 시작 장면과 마지막 장면을 잇는 핵심 장면이 빈틈없이 결합돼야 한다. 그리고 세 장면은 어느 게 먼저랄 것 없이 서로 보완하고 의미를 확장한다. 가령, 서사의 핵심 장면이 뚜렷해지면 시작 장면과 마지막 장면의 윤곽도 자연스럽게 도출된다. 첫 장면과 마지막 장면이 뚜렷해지면 핵심 장면의 방향도 선명해진다.

시작 장면과 마지막 장면에 유형이 있는 것처럼 시작 장면과 마지막 장면을 잇는 중간 과정에도 유형이 있다. 그리고 모든 완성된 작품에는 이야기 전체를 질서화하는 서사의 체계와 방법론이 있다. 작품을 쓴 작가가 그 질서를 의식하고 썼든 아니든 만들어진 작품 안에는 작품의 시작에서부터 끝에 이르기까지 질서화하는 방법론이 내재해 있는 것이다.

플롯은 흥미로운 출발에서 멋진 결말에 도달하기까지의 알리바이를 유기적이고 역동적으로 구축하는 방법론이다. 작가들은 각기 서사의 알리바이를 구축하는 방법론을 가지고 있다. 여행자마다 각자 다른 여행의 방법론을 가진 것과 마찬가지로 작가들도 서사를 시작하고 마무리하는 방법론을 각자 지니고 있는 것이다. 그리고 한 작가일지라도 작품에 따라 다른 방법론을 동원한다. 여행자가 여행의 목적에 따라 다른 경로와 방법을 선택하는 것과 다르지 않다. 여행자는 목적지가 정해지면 그곳에 가기 위한 교통수단과 일정을 선택한다. 작가들은 서사 내용을 정하면 그 내용을 관철시키는데 가장 적합한 알리바이의 형식과 서사 전략을 찾아내야 한다.

기 드 모파상은 소설 「목걸이」의 시작 장면에서 인물을 제시한다.

그녀는 아름답고 매력이 있었지만 운명의 잘못이랄까 하급 직원의 가정에 태어난 처녀들 중 하나였다. 지참금이 있는 것도 아니고, 기대를 가져볼 만한 점도 없었으며, 부유하고 집안 좋은 남자와 알게 되어 이해받고 사랑에 빠져 결혼하게 될 길도 전무했다. 그래서 그녀는 문부성에 근무하는 하급 관리와 결혼하고 말았다.
몸치장을 할 수 없으니 수수하게 차리고 있었지만 그녀는 자기 지위라도 빼앗긴 사람처럼 불만이었다. 하기는 여성들에겐 신분이나 집안도 의미가 없으며, 타고난 미모와 우아함과 매력이 혈통과 가문을 대신한다. 고상한 기품, 우아한 취미, 기민한 재질만이 그들의 계급을 이루며 평민의 딸들로 하여금 귀족의 딸들과 어깨를 나란히 하게 하는 것이다.

그녀는 자기야말로 온갖 쾌락과 사치를 위해 태어났다고 생각했으므로 언제나 마음이 아팠다. 그녀는 누추한 집, 썰렁한 벽, 낡아빠진 의자들, 때 묻은 커튼을 볼 때마다 괴로워했다.

— 기 드 모파상, 「목걸이」 첫 장면, 『모파상 단편선』, 문예출판사, 2006, 25쪽.

이 여주인공은 우아하고 아름다우며 매력적이다. 그러나 물려받은 재산도 없고 지참금도 없다. 그래서 멋진 남자에게 자신을 알릴 기회도 갖지 못한 채 어쩔 수 없이 가난한 하급 공무원과 결혼한다. 여주인공은 자신의 몸치장도 못할 만큼 가난한 하급 공무원과의 결혼생활이 불만이다. 이런 환경에 처한 여사에게 무슨 일이 일어날 수 있을까. 작가는 마지막 장면에서 극적 반전을 준비한다.

"아! 가엾은 마틸드! 내 것은 가짜였어. 기껏해야 5백 프랑밖에 안 나가는……."

―기 드 모파상, 「목걸이」 마지막 장면, 『모파상 단편선』, 문예출판사, 2006, 38쪽.

  작가는 이 문장으로 소설을 끝내겠다고 결심했다. 이 장면으로 최대한의 효과를 거두기 위해서는 어떤 과정이 있어야 할까. 당신이라면 이 시작 장면과 마지막 장면의 중간을 어떻게 채우겠는가. 허영심 많은 여자가 마지막 장면에 닿기까지 어떤 과정을 담아야 결말의 반전을 극대화할 수 있을까.

  작가는 심혈을 기울여 알리바이를 궁리한다. 필살의 알리바이를 찾아내더라도 제공하는 정보의 양을 적절하게 조절해야 한다. 제공하는 정보의 양이 지나쳐서 '이 목걸이 가짜 아니야?'라는 의심을 처음부터 산다면 마지막 장면은 아무 효과도 얻지 못한다. 이를 경계하겠다고 전혀 엉뚱한 이야기를 하다가 불쑥 마지막 장면을 들이대서도 안 된다. 적당한 순간, 적당한 양의 정보를 독자에게 제공하는 것이 중요하다.

  독자의 흥미와 기대를 점점 키운 뒤 결정적인 순간에 반전으로 독자의 허를 찌르는 것이 「목걸이」에 사용한 모파상의 알리바이, 플롯의 형식이다. 이러한 알리바이는 특히 정보의 제공 시점과 양을 조절하는 것이 관건이다. 어느 정보를 먼저 건네고 어느 정보를 어떤 사건 뒤로 미룰 것인가를 짜는 과정이 플롯이다. 이 치밀한 계획으로 인해 「목걸이」는 일말의 계몽성도 드러내지 않으면서도 주인공에게 내재된 허영심의 대가를 강렬하게 보여준다.

장편서사에서도 시작과 결말을 잇는 중간의 역할은 다르지 않다. 단편서사가 출발지점에서 도착지점까지 일직선으로 전력 질주하는 백 미터 달리기라면, 장편서사는 체력을 비축하는 구간과 전속력으로 뛸 구간을 조절하며 달리는 마라톤이라고 할 수 있다. 즉, 장편서사의 중간에는 역동성을 유지하기 위한 긴장과 이완의 장치가 반드시 필요하다. 긴장은 갈등과 충돌을 통해서, 이완은 에피소드와의 협력을 통해서 충족된다.

블라디미르 나보코프의 『롤리타』는 좀 더 복잡한 알리바이를 가진 장편서사다. 주인공 험버트는 성적으로 동경하는 열두 살짜리 소녀 롤리타를 얻기 위해서 그녀의 엄마인 하숙집 여주인 샬롯과 결혼한다. 이 작품은 당시 비윤리적이며 부도덕하다는 이유로 출간 다음 해에 판매금지를 당했다. 그럼에도 한편에서는 관능적이며 아름다운, 위대한 서사예술로 평가받는다. 나보코프는 어떤 알리바이를, 방법론을 사용했기에 부도덕하다는 세간의 평가를 뒤집고 세계적인 명성을 얻을 수 있었을까.

롤리타, 내 삶의 빛, 내 몸의 불이여. 나의 죄, 나의 영혼이여. 롤—리—타. 혀끝이 입천장을 따라 세 걸음 걷다가 세 걸음째에 앞니를 가볍게 건드린다. 롤. 리. 타.

아침에 양말 한 짝만 신고 서 있을 때 키가 4피트 10인치인 그녀는 로, 그냥 로였다. 슬랙스 차림일 때는 롤라였다. 학교에서는 돌리. 서류상의 이름은 돌로레스. 그러나 내 품에 안길 때는 언제나 롤리타였다. 그녀 이전에 다른 여자가 있었던가? 그래, 당연히 있었다. 사실 어느 여름날, 내가 첫 번째 여자애를 사랑하지 않았더라면 롤리타는 아예 없었을지도 모른다. 어느 바닷가 공국에서였다. 아, 언제였던가? 그해 여름 내 나이는 그때로부터 롤리타가 태어나기까지의 햇수와 엇비슷했다. 살인자는 으레 문장을 이렇게 애매모호하게 쓰는 법이다.

남녀 배심원 여러분, 증거물 1호는 치품천사들이, 위풍당당한 날개를 지녔으나 무지몽매한 치품천사들이 부러워하던 그것입니다. 여기 뒤엉킨 가시 굴레를 보십시오.

— 블라디미르 나보코프, 『롤리타』 첫 장면, 문학동네, 2013, 17–18쪽.

소설의 시작 장면은 주인공이 배심원에게 진술하는 형식을 취하고 있다. 살인죄로 수감되어 재판 중인 험버트가 피의자로서 자신과 롤리타의 이야기를 회고 형식으로 설명한다. 자신에게 롤리타가 무엇이었으며 왜 그녀에게 천착하게 되었는지, 롤리타와 함께 어떤 길을 걸어왔는지, 이런 내용을 감각적인 진술로 전하며 소설은 시작된다. 그에게 롤리타라는 존재는 이미 육체 안에 깃들어있다. 그 이름을 부르기 위해 혀를 굴릴 때마다 화자 험버트는 롤리타의 존재를 느낀다.

이 소설은 이렇게 마무리된다.

56일 전부터 시작해 처음에는 보호관찰을 위한 정신병동에서, 얼마 후부터는 비록 무덤 같지만 난방은 잘되는 이 독방에서 『롤리타』를 썼다. 원래는 이 기록을 하나도 빠짐없이 재판에 사용할 생각이었다. 물론 내 목숨이 아니라 내 영혼을 구하기 위해서였다. 그러나 집필중에 나는 아직 살아 있는 롤리타를 차마 뭇사람 앞에 드러내서는 안 된다는 사실을 깨달았다. 비공개 법정이라면 이 회고록의 일부를 제출할 수도 있겠지만 출판은 늦추기로 했다.

나는 사형에 반대한다. 속셈이 뻔하다고 생각하겠지만 사실은 그런 이유 때문이 아니다. 판결을 내릴 판사의 의견도 나와 같으리라 믿는다. 내가 만약 나 자신을 심판한다면 험버트에게 강간죄로 최소 35년

형을 선고하고 기타 죄목에 대해서는 무죄판결을 내릴 것이다. 그러나 내가 사형을 면하더라도 나보다는 돌리 스킬러가 훨씬 더 오래 살 것이다. 그러므로 서명한 유언장의 법적 구속력에 의거하여 다음과 같이 결정한다. 나는 이 회고록이 롤리타가 살아 있는 동안은 출판되지 않기를 바란다.

따라서 독자들이 이 책을 읽을 때쯤에는 우리 두 사람은 이미 이 세상 사람이 아닐 것이다. 그러나 이 글을 쓰는 내 손의 맥박이 아직 뛰는 동안은 너도 나처럼 축복받은 생명체일 테니까, 나는 지금도 여기서 알래스카에 있는 너에게 말을 건넬 수 있다. 네 남편 딕에게 충실해라. 다른 남자가 네 몸을 만지지 못하게 해라. 낯선 사람들과 이야기하지 마라. 네 아기를 사랑해주기 바란다. 기왕이면 아들이기를 바란다. 네 남편이 너에게 늘 잘해주기를 바란다. 그러지 않으면 내가 유령이 되어 검은 연기처럼, 혹은 미친 거인처럼 그 녀석을 찾아가 갈기갈기 찢어버리고 말 테니까. 그리고 C. Q.를 동정하지 마라. 나는 그놈과 H. H. 중에서 한 명을 선택할 수밖에 없었고, H. H.가 그놈보다 두어 달이라도 오래 살기를 원했다. 그래야만 후세 사람들의 마음속에 네가 길이길이 살아남도록 할 수 있기 때문이다. 지금 나는 들소와 천사를, 오래도록 변하지 않는 물감의 비밀을, 예언적인 소네트를, 그리고 예술이라는 피난처를 떠올린다. 너와 내가 함께 불멸을 누리는 길은 이것뿐이구나, 나의 롤리타.

— 블라디미르 나보코프, 『롤리타』, 문학동네, 2013, 496-497쪽.

　화자는 애초에 이 글을 자신의 영혼을 변호하기 위해 모조리 공개하려고 했지만, 중간쯤 쓰고 난 뒤에는 대중에게 보이지 않기로 생각을 바꿨다고 말한다. 이 회고록을 롤리타가 살아있는 한 공개하지 말 것을 "유언장의 법적 구속력에 의거하여" 당부한다는 것이다. 그래서 독자들이 이 책을 읽고 있을 때는 자신과 롤리타 둘 다 죽고 난 후일 거라고 밝히고 있다. 그 이유는 이 글에 담긴 자료에서 중요한 부분을 차지하고 있는 롤리타를 훼손되지 않은 상태로 후세사람들의 마음속에 심어두기 위해서다. 그리하여 험버트는 롤리타와 함께 불멸성을 얻게 된다고 말한다.
　불멸성. 이러한 결말에 도달하기 위해서는 서사의 중간에 어떤 알리바이가 필요할까.
　롤리타는 화자인 험버트를 먼저 유혹했지만 결국 그를 버린다. 롤리타가 자신을 납치한 극작가의 여자로 살게 되고, 험버트는 극작가의 손아귀에서 롤리타를 구해오지만 다시 도망친 것이다. 그리고 험버트는 롤리타를 납치한 극작가를 살해한다. 즉,

험버트는 자기를 버린 롤리타에게 불멸의 사랑을 구하고 있는 것이다. 그럼에도 험버트가 불멸성을 언급하는 마지막 장면은 공허한 헛소리처럼 들리지 않는다. 게다가 『롤리타』의 서사 전체가 도착적인 이야기에 그치지 않고 독자에게 충격과 사색을 불러일으키는 이유는 블라디미르 나보코프가 채워놓은 중간의 힘 때문이다.

작품의 독자들은 서사 세계에서 현실 세계로 돌아와 자문한다. 험버트는 인간의 본능에 솔직한 사람이 아니었을까? 어쩌면 인간의 도덕규범에 도전한 것은 아닐까. 우리가 당연하게 여기는 도덕이 절대적인 것일까? 우리의 도덕적 잣대는 위선이 아닐까? 어쩌면 험버트야말로 진정한 불멸을 추구한 사람이 아니었을까?

한 편의 서사가 지울 수 없는 여운 속에 날카로운 질문을 남기기 위해서는 치밀한 방법론, 서사의 중간 과정을 치밀하게 계획한 플롯이 필요하다.

나보코프는 『롤리타』에 상당히 복잡한 방법론을 적용했다. 소설의 진정한 시작 장면을 편집자 서문의 형식으로 붙여둔 것이다. 이 부분이 소설의 진정한 시작 장면이란 걸 깨닫게 되는 것은 마지막 장면을 읽은 다음이다.

머리말

『롤리타: 어느 백인 홀아비의 고백』. 이것은 내가 받은 기묘한 원고의 제목과 부제이며, 이 글은 그 원고에 붙이는 머리말이다. 원고의 저자 '험버트 험버트'는 본인에 대한 재판이 시작되기 며칠 전인 1952년 11월 16일, 구금 상태에서 관상동맥혈전증으로 사망했다. 당시 험버트의 변호사였던 클래런스 초트 클라크가 나에게 이 원고를 편집해달라고 부탁했는데, 현재 컬럼비아 특별구 변호사협회 소속인 그는 내 사촌이자 절친한 벗으로, 『롤리타』 출간에 대한 모든 권한을 저명한 내 사촌에게 위임한다고 밝힌 의뢰인의 유언장 내용을 근거로 나에게 이 일을 맡겼다. (…중략…)

작업은 우리 두 사람이 예상한 것보다 쉬운 편이었다. 나는 명백한 문법적 오류를 수정했을 뿐, 그리고 'H. H.'의 노력에도 불구하고 무슨 이정표나 묘비처럼 그의 글 속에 끈질기게 살아남은 몇몇 세부사항 (즉 인품과 동정심을 겸비한 사람이라면 마땅히 감춰주고 덮어줄 만한 인명과 지명)을 꼼꼼히 고쳤을 뿐, 나머지는 전혀 건드리지 않고 이 놀라운 회고록을 그대로 선보인다. 저자의 기이한 가명은 본인이 지었는데, 이글거리는 두 눈동자가 사람을 홀리는 듯한 이 가면도 그의 뜻에 따라 굳이 벗겨내지 않았다. '헤이즈'는 여주인공의 진짜 성과

각운을 맞춰 지었지만 이름은 이 책의 내용에 깊이 관련되어 도저히 바꿀 수가 없었다. 그리고 (독자도 스스로 깨닫게 되겠지만) 사실 굳이 바꿀 필요도 없었다. 'H. H.'의 범행 자료는 1952년 9월부터 10월까지의 일간지에서 찾아볼 수 있다. (…중략…)

제멋대로인 아이, 자기중심적인 어머니, 헐떡거리는 미치광이―그들은 독특한 이야기 속에서 생생히 살아 숨쉬는 등장인물일 뿐만 아니라 위험한 시대풍조에 경종을 울리고 우리 사회에 만연한 각종 악행을 고발하는 역할도 한다. 『롤리타』는 우리 모두에게―부모든, 사회사업가든, 교육자든―경각심과 통찰력을 심어줌으로써 더 안전한 세상을 만들고 더 나은 세대를 길러내는 일에 매진하도록 이끌어줄 것이다.

1955년 8월 5일

메사추세츠 주 위드워스에서

존 레이 주니어 박사

― 블라디미르 나보코프, 『롤리타』, 문학동네, 2013, 9-13쪽.

서문의 화자인 존 레이 주니어 박사는 이 수기를 험버트의 변호사였던 친구에게 받았다고 말한다. 그리고 자신은 이 수기의 편집을 맡아 문법이 틀린 것을 고친다거나 강박적으로 쓰인 부분을 윤색하는 정도의 작업을 했다고 밝히고 있다. 그 외는 험버트가 쓴 수기 그대로 라는 것이다. 그리고 "제멋대로인 아이(롤리타), 자기중심적인 어머니, 헐떡거리는 미치광이"를 언급하며 이 수기가 시대풍조에 경종을 울릴 것이라고 근엄한 경고까지 덧붙인다.

마치 도색잡지가 선정적인 기사를 잔뜩 실어놓고는, 이래서 되겠느냐 개탄하며 발뺌을 하듯 머리말을 써두었다. 여기에 날짜와 주소, 박사 자신의 서명도 붙였다. 험버트가 쓴 수기를 변호사 친구에게 받아서 존 레이 주니어 박사가 편찬한 형식을 취한 것이다. 그런데 헴버트의 고백적 서사가 막을 내린 후, 이 서사 작품은 수기가 아니라고 다시 번복한다. 블라디미르 나보코프가 쓴 후기 혹은 해설 형식의 글이 이 소설의 진정한 마지막 장면인 것이다.

『롤리타』에 대하여

『롤리타』의 '머리말' 집필자로 등장하는 점잖은 인물 존 레이 흉내를 내고 나서 이제 이렇게 나 자신이 직접 나서면 사람들은—사실은 나도 마찬가지지만—내가 이번에는 자기 작품에 대해 이야기하는 블라디미르 나보코프 흉내를 낸다고 생각할지도 모른다. 그래도 여기서 꼭 짚고 넘어가야 할 일이 몇 가지 있는데, 어쩌면 이런 자전적 장치 때문에 독자들이 작가와 등장인물을 혼동할 수도 있겠다.

문학 교사들이 흔히 떠올리는 질문이 있다. '작가의 의도는 무엇인가?' 요컨대 '이 친구가 하려는 말이 도대체 뭐냐?' 그런데 나는 일단 책을 쓰기 시작하면 오로지 이 책을 끝내야겠다는 생각 말고는 아무 생각도 하지 않는 사람이다. (…중략…)

내가 『롤리타』의 태동을 희미하게나마 처음 느꼈을 때는 1939년 말 또는 1940년 초로, 당시 나는 극심한 늑간신경통 때문에 파리에서 몸져누워 있었다. 내 기억이 옳다면 최초로 영감의 전율을 불러일으킨 것은 식물원의 한 유인원에 대한 신문기사였다. (…중략…) 나는 1924년부터 러시아어로 소설을 썼고(대부분은 영어로 번역되지 않았고 러시아에서는 정치적인 이유로 모두 금서가 되었다) 이 단편도 마찬가지였다. 남자 주인공은 중부 유럽 출신, 이름 없는 님펫은 프랑스인, 무대는 파리와 프로방스였다. 남자는 소녀의 병약한 엄마와 결혼하지만 엄마는 곧 세상을 떠나고, 아르튀르는(주인공의 이름이다) 어느 호텔방에서 고아가 된 소녀를 유혹하려다가 실패한 후 달려오는 트럭 앞에 몸을 던진다. 전쟁이 한창이라 등화관제를 실시하던 어느 날 밤, 몇몇 친구—마르크 알다노프, 사회혁명당원 두 명, 그리고 여의사 한 명—에게 이 이야기를 읽어주기도 했다. 그러나 아무래도 작품이 마음에 들지 않았고, 1940년 미국으로 이주한 후 결국 없애버리고 말았다. (…중략…)

파리의 올랭피아 출판사에서 이 책이 출간된 후 어느 미국 비평가는 『롤리타』가 '낭만적인 소설에 대한 연정의 기록'이라고 말했다. '낭만적인 소설'이라는 말 대신 차라리 '영어라는 언어'라고 하면 이 멋들어진 표현이 더 정확해지겠다. 그러나 여기서 내 목소리가 지나치게 날카로워진 듯싶다. 어차피 나의 미국인 친구들은 아무도 내 러시아어 소설을 읽지 못했으므로 그들이 내 영어 소설의 장단점을 평가하는 작업은 아무래도 초점이 좀 어긋날 수밖에 없다. 나의 개인적 비극은, 물론 남들의 관심사가 될 수도 없고 되어서도 안 되겠지만, 내가 타고난 모국어, 즉 자유롭고 풍요로우며 한없이 다루기 편한 러시아어를 포기하고 내게는 두번째 언어에 불과한 영어로 갈아타야 했다는 사실이다. 모국어를 사용하는 작가들은 마술사처럼 연미복 뒷자락을 펄럭이며 자기만의 절묘한 방식으로 전통을 뛰어넘을 수 있건만 나의 영어에는 그런—이를테면 착시 현상을 일으키는 거울, 검은 벨벳 배경막, 혹은 함축적인 연상이나 전통 같은—도구가 없기 때문이다.

> 1956년 11월 12일
>
> — 블라디미르 나보코프, 『롤리타』, 문학동네, 2013, 499-509쪽.

이 글에는 작가 나보코프가 직접 등장한다. 그는 서문을 쓴 존 레이 박사는 자신이 형상화한 인물이라고 고백하면서 『롤리타』의 내력을 설명한다. 이 소설은 자신이 1939년부터 1940년까지 파리에서 병중에 썼다가 폐기한 것을 미국에 온 후 영어로 새로 쓴 작품이라는 것이다. 그러면서도 소설의 주요한 내용은 그대로라고 강조한다. 그리고 나보코프는, 한 비평가가 『롤리타』를 낭만적인 소설에 대한 연정의 기록이라고 하는데 그 말이 더 정확해지려면 '낭만적인 소설'이란 어휘를 '영어라는 언어'로 대체해야 한다고 주장한다. 그가 러시아어가 아닌 두 번째 언어에 불과한 영어를 사용한 데는 볼셰비키 혁명으로 인한 독일로의 망명과 나치를 피하기 위한 미국으로의 이민이라는 "개인적인 비극"이 담겨있다.

사실 『롤리타』에 대하여'라는 장은 1957년 더블데이 출판사가 간행한 『앵커 리뷰』에서 『롤리타』 발췌문에 덧붙인 해설로, 『롤리타』가 출간되고 3년이 지나서야 작품과 함께 수록되었다고 한다.

이러한 사실을 모른 채 읽는다면, 작품과 분리된 나보코프의 후기이자 해설은 결과적으로 소설에 독특한 효과를 만들어낸다.

나보코프가 의도한 바는 아니지만 3중의 장치가 만들어진 것이다. 즉, 수기 형식의 서사를 집필한 험버트, 험버트의 수기를 편집한 존 레이 주니어 박사, 존 레이 주니어 박사를 창조하여 수기의 편집을 맡긴 작가 블라디미르 나보코프가 있다.

이러한 3중 장치는 몇 가지 효용을 발휘한다. 우선, 생활이나 체험을 직접 쓰는 수기의 형식을 채택함으로써 독자가 서사를 실제 사실로 받아들이는 효과가 있다. 게다가 자기 작품의 일면을 부인해야 하는, 모순된 작가의 필요성을 충족시켜준다. 서사 내용의 부도덕함을 지적하는 비난에 대해서 작가는 모순된 작가를 내세워 "이 작품은 그의 수기야."라고 발뺌하기도 한다. 그러면서도 '너희들은 진정 도덕적이고 거룩한가. 깨끗하고 고결한가.'라고 질문을 던지는 것이다.

작가들은 자신이 창조하는 서사에 가장 적합하고 효과적인 방법론을 개발한다. 그런 점에선 모든 작가의 모든 작품은 각기 다른 방법론을 가지고 있다. 전 명의 작가의 만 편의 작품에는 만 개의 플롯이 있는 것이다.

그러나 만 편의 작품에는 몇 가지 공통적인 질서, 몇 가지 공통된 특징과 방법론이 있다. 이러한 공통점에 따라 플롯의 유형을 몇 가지로 분류할 수 있다. 물론, 공통적 특성을 얼마나 광역화하고 세분화하느냐에 따라 플롯 유형의 숫자는 서너 가지가 될 수도, 수백 수천 가지가 될 수도 있다.

단, 플롯의 유형 분류가 창작자들에게 의미를 지니려면 다음 세 가지 요소가 충족되어야 한다.

> 첫째, 범주화가 가능해야 한다. 어떤 특성과 공통적인 성질을 훼손하지 않고 반영하여 유형화 혹은 범주화가 가능해야 한다.
> 둘째, 일반화되어야 한다. 유형이 되었다는 것은 그 사용이 상당히 보편화되어 일반성을 획득했다는 것을 의미한다. 예외적인 특별한 방법론을 유형이라고 할 수는 없다.
> 셋째, 범용성이 있어야 한다. 창작자에게 의미를 지닌 유형이 되기 위해서는 그 플롯의 유형이 창작에 적용되어 효용성을 발휘할 수 있어야 한다. 분석을 위해서가 아니라 창작에서 그 유형이 가지고 있는 장점과 위험성이 도출되어야 한다.

이러한 세 가지 기준에 따라 필자가 분류한 플롯의 유형은 모두 아홉 가지다.

단일 모티프 플롯

단일 모티프 플롯의 개요

　단일 모티프 플롯은 하나의 모티프가 서사의 시작부터 끝을 규정하고, 그 시작과 끝 사이를 채워나가는 플롯의 유형이다. 이해를 돕기 위한 예로, 여화의 『허삼관 매혈기』와 옌롄커의 『딩씨 마을의 꿈』 등을 들 수 있다. 소설 『허삼관 매혈기』는 한평생 피를 팔아서 가족을 돌보는 허삼관의 이야기다. 이 작품은 매혈이라는 모티프가 소설의 시작과 끝, 전개 과정을 규정하는 결정적인 요소다. 영화로는 비토리오 데 시카 감독의 《자전거 도둑》과 마지드 마지디 감독의 《천국의 아이들》이 대표적인데, 각각 자전거와 신발을 매개로 서사 전체를 풀어나간다.

　모티프(motif)에 대한 정의는 연구자에 따라 매우 다양하지만 일반적으로 '창작의 동기 혹은 그것을 이루는 작가의 내부 충동이나 욕망'으로 정리한다. 이를 창작자의 입장에서 다시 정의 내린다면, 창작자의 이성과 감성에 충격을 가하여 '이것을 작품으로 만들겠다!'는 결심을 하게 만든 요인이 모티프라고 할 수 있다. 가와바타 야스나리는 모티프에 관해 이렇게 말한다.

> 작품의 모티프는 작품에 표현된 테마를 통해서만 엿볼 수 있는 것으로서, 작가의 은밀한 문제라고도 할 수 있다. 작가 쪽에서 말하면, 쓰려고 하는 것, 즉 모티프를 반성하여 의식에까지 끌어내 왔을 때에 소설의 테마가 되는 것이다.
>
> ─ 가와바타 야스나리, 「모티프와 테마」, 『소설의 구성』,
> 건국대학교출판부, 2000, 51쪽.

창작자가 집필에 착수하는 것은 어떤 작품을 쓰겠다는 내적 충동이나 의지의 발동에 따른 것이다. 모티프는 작가로 하여금 어떤 작품을 쓰겠다는 생각을 갖도록 상상력을 자극한 원천요소다. 이는 작가의 오랜 모색과 숙고, 그리고 반성 끝에 얻어지기도 하지만 찰나의 순간에 섬광처럼 작가에게 찾아오기도 한다.

한편, 예술작품을 객관적으로 분석하는 데 주력한 러시아 형식주의자들은 모티프가 "더는 분해할 수 없는 가장 작은 이야기의 단위가 되는 테마"라고 말한다. 이러한 관점에 동의하더라도 모티프는 이야기의 핵이라고 할 수 있다.

  모티프는 실제 창작 과정에서도 중요한 역할을 한다. 소설이나 드라마를 작물에 비유한다면 모티프는 씨앗에 해당한다. 씨앗이 쭉정이면 아무리 훌륭한 농부도 좋은 결실을 거둘 수 없다. 비옥한 토양에서 공들여 가꿔도 부실한 씨앗은 알찬 결실을 맺지 못한다. 작가는 일종의 농부다. 한 해 농사의 성패는 좋은 종자의 선택에서 출발하고, 한 작품의 성패는 모티프의 선택에서 시작된다. 썩은 종자로는 아무리 정성껏 가꿔도 많은 수확을 할 수 없는 것처럼 가망 없는 모티프로 수작을 만들 수 있는 작가는 없다.

  물론, 매혹적인 모티프에서 출발했다고 무조건 좋은 결과로 이어질 수는 없다. 씨를 뿌린 다음 물과 거름을 주고 잡초를 고르는 것이 농부의 일이라면, 모티프를 풍성하고 매력적으로 키우는 것이 작가의 일이다. 매혹적인 모티프를 효과적으로 활용하여 어떻게 짜임새 있는 서사 작품을 만들어내는가는 전적으로 작가의 능력에 달려있다.

  여기서 명심해야 할 점은, 참신한 서사는 참신한 모티프에서 비롯된다는 사실이다. 이미 오래전에 닳도록 사용된 모티프에 매달려서는 의미 있는 작품을 창작할 수 없다. 창작자들은 뛰어난 서사예술작품을 참고하여, 지금 이곳에서 내가 새롭게 보여줄 것이 무엇인가를 고민해야 한다.

알베르 카뮈나 레마르크, 박경리나 박완서의 작품이 아무리 훌륭하더라도 그들의 작품과 그 작품의 토양이 됐던 시대는 이미 지나갔다. 그것을 아무리 잘 재현한다고 해도 흉내에 불과하다. 아류라는 사실에는 변함이 없다. 흘러간 강물은 물레방아를 돌릴 수 없다. 자신이 딛고 선 지금 이 시대의 문제를 상징적으로 드러낼 수 있는 모티프를 찾아내 제대로 다룰 때 문제적 서사가 탄생한다. 당장 대세로 보이는 소설이나 영화를 좇아가기에 급급하다면 절대 성공할 수 없다. 오늘의 대세를 좇아 쓴 내 작품이 발표될 내일이면 그것은 이미 낡은 작품이 되어 있을 것이다.

얼마 전, 이용주 감독의 영화 《건축학 개론》의 시사회에 갈 기회가 있었다. 영화 관람을 마치고 나오며 초대해 준 명필름의 대표에게 '대박확실'이라는 문자를 보냈다. 그 영화는 최근 우리 영화의 경향과 너무 달랐으나 빈틈을 잘 파고들고 있었다. 한없이 가볍고 한없이 과장된 제스처가 일상이 된 시대에서 사람들의 관심을 끌어 보려고 우리 영화와 드라마는 더 망가지기 위한 노력을 기울여왔다. 영화 『건축학 개론』은 자극적인 막장 경쟁에 끼어들지 않고 반대편 길을 선택했다. 소위 대세라는 서사가 외면한 순수함을 모티프로 삼은 것이다. 모든 게 서툰 대학시절에 포옹 한 번 못하고 헤어진 연인이 15년 만에 나타난다. 갑작

건축학 개론

스럽게 건축설계 사무소에 등장한 여자는 이혼녀가 되어 있고 남자는 결혼을 앞두고 있다. 관계에 진전이 없기는 대학시절과 마찬가지다. 대학 신입생 시절 건축학개론 수업시간에 처음 만난 연인의 이 심심하고 밋밋한 이야기에는 우리 시대가 잊고 있던 순수함과 서투름이 있다.

대세, 흔히 경향이라고 부르는 것은 99퍼센트의 사람들이 대세를 좇아 몰려갈 때 아무도 주목하지 않던 것에 주목한 1퍼센트의 사람들에 의해서 만들어진다. 대세가 80퍼센트를 차지한다고 해도 20퍼센트의 나머지는 항상 존재한다.

똑똑한 바보들만 가장 긴 줄 뒤에 선다. 그 줄이 안전하며 성공을 보장한다고 여기기 때문이다. 그러나 죽을 때까지 자기 차례가 돌아오지 않을지도 모른다. 소설가 박민규는 승자독식의 이데올로기가 사회 전체를 압도하던 시대에 『삼미 슈퍼스타즈의 마지막 팬클럽』이라는 루저들의 이야기를 들고 등장하여 새로운 경향을 만들어냈다.

  진정한 작가란 어떤 기억의 보살핌도 받지 못한 채 사려져가는 것들의 이름을 불러주고 기억해주는 사람이다. 버려진 모티프 안에는 눈 밝은 작가들이 찾아내 불러주어야 할 많은 이름이 숨죽인 채 기다리고 있다.

단일 모티프 플롯의 역할

  서사 창작의 실제에서 모티프는 결코 이야기의 가장 작은 단위에 머무르지 않는다. 착상의 단계에서 창작자의 상상력을 자극할 뿐 아니라 이야기 전체의 전개에 있어서 나침판과 같은 기능도 한다. 그래서 모티프는 단지 파편적인 발상이 아니라 이야기의 발원지이자, 그 발원지에서 솟아난 물줄기고, 물줄기가 바다에 이르도록 하는 힘이라고도 볼 수 있다.

  작품은 두 가지 방법으로 바다에 이를 수 있다. 강을 따라 흘러가는 것과 스스로 강이 되어 바다에 이르는 것. 아주 독보적인 작품은 스스로 길을 내며 강이 된 서사다. 홍명희의 『임꺽정』은 우리 근대문학에서 장대한 대하서사의 강줄기를 열었고, 바오 닌의 『전쟁의 슬픔』은 사회주의 리얼리즘의 내용과 서구 모더니즘의 형식을 동시에 뛰어넘으며 전쟁서사의 독보적인 이정표가 되었다. 가브리엘 가르시아 마르케스의 『백년의 고독』은 현실과 환상의 관계를 새롭게 정립하면서 환상적 리얼리즘의 길을 열었다.

훌륭한 작가는 좋은 모티프를 움켜쥐고, 그 모티프가 가진 가능성을 최대한 확장시켜 매혹적이고 감동적인 서사를 만들어낼 수 있는 사람이다. 즉, 모티프를 소재로, 사건으로, 인물로, 주제로 확장하고, 플롯으로 구축하여 매혹적인 작품을 완성시킬 능력을 지닌 작가가 훌륭한 작가다.

모티프는 플롯으로 구축되어 전체 서사를 완성시키는, 특징적 요소의 핵심이다. 이렇게 확장된 개념으로 모티프를 이해한다면 모티프의 역할은 더욱 넓어진다. 그리고 단일 모티프 플롯이 지닌 특징과 역할도 다르지 않다.

우선, 모티프는 주제를 강조하고 확장시키며 구체화하는 것을 통해 작품을 도드라지게 만든다.

옌렌커의 소설 『딩씨 마을의 꿈』에서 피를 파는 행위는 단순한 소재에 머무르지 않는다. 이 작품은 비위생적인 매혈 때문에 마을 전체가 에이즈에 감염된 끔찍한 상황을 매혈 우두머리인 아버지로 인해 죽게 된 소년의 입을 통해 전한다. 이 과정에서 매혈 모티프를 매개로 인간이 가진 욕망의 단서를 끄집어내고, 인간의 욕망구조를 한 겹 한 겹 벗겨나간다. 마을을 파멸로 이끈 욕망은 매혈의 수괴인 딩 후이만의 전유물은 아니다. 마을 사람 모두 서로 다른 욕망에 사로잡힌 포로들이다. 딩 후이가 보여주는 물욕보다 더 무서운 권력욕과 명예욕이 그 작은 마을 내부에 도사리고 있다. 매혈 모티프는 딩 후이의 욕망과 마을 사람들의 욕망을 연결하는 고리인 동시에 딩 후이의 욕망이 마을 사람 개개인의 내부에 숨겨져 있는 욕망과 어떻게 관련이 있는지를 파고들며 주제를 확장시켜나가는 데 중요한 기여를 한다. 매혈이라는 모티프를 확보함으로써 옌롄커는 인간의 추상적인 욕망이 아닌 구체적이고 심층적인 욕망구조를 보여주는 데 성공한 것이다.

　모티프는 소설의 구조를 견고하게 만들고 풍부하게 확장시켜나가는 역할도 한다.

　『딩씨 마을의 꿈』에서 매혈 모티프는 사건의 발단과 과정, 결과를 이어주는 견고한 고리의 역할을 한다. 딩씨 마을 사람들은 이웃마을에 불어 닥친 매혈 열풍을 처음에는 부정적으로 생각하고 배척한다. 상부조직에서 매혈을 독려해도 딩씨의 집성촌인 딩씨 마을에서는 나서는 사람이 없었다. 그러나 매혈로 돈을 번 이웃마을 사람들이 새로운 집을 짓고 부자가 되는 모습을 보고 딩씨 마을에서도 동요가 일어난다. 더불어 매혈에 열성을 보이지 않는 딩씨 마을에 대한 상급조직의 불만도 터져 나온다. 이러한 배경에서 약삭빠른 장사꾼 딩 후이가 탄생한다. 딩 후이는 피 값을 후하게 쳐주는 것처럼 마을사람들을 속이며 더 많은 피를 뽑아내고 비용을 줄이기 위해 사용할 수 없을 때까지 주사바늘을 바꾸지 않는다. 딩 후이는 딩씨 마을 사람들의 피를 독점적으로 매입하는데 그치지 않고 사업의 무대를 주변의 크고 작은 마을로 확장한다. 피를 뽑는 바늘은 마을을 옮겨 다니며 사람들의 혈관에 꽂힌다. 그로 인해 에이즈가 확산되고 사람들이 죽어간다. 이제 딩 후이의 사업은 위기를 맞았을까?

딩 후이는 오염된 바늘로 피를 뽑아 에이즈를 확산시키고, 에이즈로 죽은 사람의 유가족에게 관을 팔기 시작한다. 정부에서 지원해주는 관을 비싼 값에 팔아먹으면서도 재난을 당한 사람들을 돕는 것처럼 생색을 낸다. 그의 사업은 여기에서 그치지 않는다. 결혼도 한 번 못해보고 에이즈로 죽은 처녀·총각의 귀신을 짝지어주는 영혼결혼 중매업자로 또 한몫을 챙긴다. 딩 후이를 부자로 만들어준 매혈 고객들이 딩 후이에게 관을 사고, 귀신이 되어서도 딩 후이에게 돈을 지불하며 혼인을 하는 것이다. 이처럼 『딩씨 마을의 꿈』은 매혈이란 모티프를 단서로 서사를 견고하게 발전시켜 나간다. 매혈이란 모티프는 매혈-에이즈-죽음-영혼결혼으로 발전하는 서사의 단단한 고리이자 서사를 풍부하게 확장시켜 나가는 원동력이다.

이뿐만 아니라 모티프는 스토리가 길을 잃지 않고 한 길로 나갈 수 있도록 일관성을 보장해주면서 전체 서사의 통일성을 부여해주는 제어장치의 역할도 담당한다.

모티프에서 출발한 서사창작의 노정은 추상화와 구체화를 반복하는 과정이다. 작가는 자신이 얻은 모티프, 영감이나 내부충동을 어떤 이야기로 만들 수 있을지를 두고 관념적 상상력을 발동하여 추상화의 과업을 수행한다. 동시에 이 모티프를 어떻게 형상화할 것인가를 두고 끊임없는 구체화를 시도한다. 이 추상화의 과업은 주제로 발전하고 구체화의 작업은 소재와 사건과 인물로 확장된다. 그리고 모티프를 매개로 한 추상화와 구체화의 반복적인 확장작업의 결과가 동일한 지점에서 만나게 되면 작품은 통일성을 획득하게 된다.

모티프가 가진 또 하나의 역할은, 인물이 지닌 성격의 고유한 특징을 창출하는 것이다.

『딩씨 마을의 꿈』에는 다양한 성격의 인물이 등장한다. 우선, 매혈의 수괴인 딩 후이는 자신의 이익이 지상 최대의 목표라는 듯 매혈과 그로 인한 죽음을 철저하게 이용한다. 속임수를 쓰는 것도 주저하지 않으며, 피를 팔고 죽어가는 사람을 동정하기는커녕 무지하고 무능한 사람으로 여기며 깔본다. 그리고 빈 껍데기 같은 명분에 사로잡힌 탓에 욕망을 추구하지 못하면서도 자신을 비난하는 사람들을 경멸한다. 그러나 화자의 할아버지는 매혈에 대해서 전통적 가치와 명분을 지키기 위해서 앞장선다. 여기에는 물욕을 뛰어넘는 명예욕이 깃들어 있다. 또한, 죽음을 앞두고도 마을 직인을 차지하려 매달리는 두 인물도 마을의 권력을 잡으려는 명예욕에 사로잡혀 있다. 다른 마을 사람들도 욕망으로부터 자유롭지 못하기는 매한가지다. 그들은 학교의 공공시설을 마음대로 뜯어가고, 공동의 식량에 돌덩이를 채워놓는다. 반면, 에이즈에 걸렸지만 서로를 아끼며 새로운 사랑을 움틔우는 사촌도 있다. 이처럼 사람들이 매혈에 대응하는 태도는 인물의 성격 그 자체가 된다.

단일 모티프 플롯의 종류

창작자는 시시콜콜한 일상에서부터 역사적인 사건에 이르기까지 다양한 영역과 다양한 층위에서 모티프를 얻는다. 단일 모티프 플롯을 유형화하면, 감성적 모티프, 사건적 모티프, 사물적 모티프, 성격적 모티프, 이념적 모티프로 분류할 수 있다.

첫 번째로 감성적 모티프는 동경, 고독, 공포, 권태와 같은 정서적인 것들로부터 착상을 얻은 서사에서 나타난다. 대표적인 작품으로는 왕가위 감독의 영화 《화양연화》와 김주영의 소설 『홍어』를 들 수 있다.

화양연화

  영화《화양연화》는 오감에 소름이 돋을 정도로 자극하고 감성을 예민하게 환기하는 작품이다. 눈이 멀어 버릴 듯한 색과 빛, 마음을 휘젓는 음악, 터지기 직전의 육체와 피부, 질감에 냄새마저 담고 있는 공기, 심지어 목젖의 움직임까지 관객을 숨 쉴 수 없게 만든다. 나란히 걷는 두 사람이 함께 받는 햇빛, 서로 엇갈리는 순간의 뒷모습과 느린 음악이 만들어내는 밀도 높은 공간에는 미묘한 감정이 팽팽하다. 사랑에 자신을 맡겨본 사람이라면 누구나 왕가위가 만들어낸 감성적 공간 안에서 동일한 감정에 사로잡힐 것이다. 결코 다시 돌아갈 수 없는, 어느 위태롭던 시절에 대한 회한과 아득한 그리움에 말이다.

산골마을을 배경으로 한 김주영의 자전적인 소설『홍어』는 공간적인 모티프를 가진 작품인 동시에 감성적인 모티프에 더 근접한 작품이다.

화자는 아버지가 부재한 산골마을에서 "거위털 같은 함박눈이 한들거리며 내려쌓이고 있는" 새벽을 어머니와 함께 맞는다. "문밖으로 내리는 눈발"은 그와 어머니의 "숨소리조차 차곡차곡 삼켜버리고 있는 듯" 하다. 어머니의 긴 기다림에 응답한 듯 아버지가 6년 만에 돌아온다. 아버지는 "눈의 궁전에서 찾아온 눈의 사자"인지도 몰랐다. 그러나 어머니는 아버지가 돌아온 이튿날 집을 떠난다. 화자는 "골목길로부터 우리 집 마당을 가로질러 툇마루 아래에서 멈춘 외줄기 고무신 발자국"을 목격한다. 그러나 들어왔던 발자국이 집 밖으로 나간 흔적은 없었다. 그들의 "집으로 들어오는 것으로 가장한 어머니의 신발자국은 두 번 다시는 집으로 돌아오지 않겠다"는 어머니의 결연하고도 은밀한 귀띔이었다. 어머니의 긴긴 기다림은 폭설에 덮이고 소년의 눈앞에 펼쳐지는 것은 아득함이다.

이 작품에는 화자의 기나림과 상실, 아득하고 막막함이 지배하고 있다.

두 번째, 사건적 모티프는 일상적 혹은 의외의 사건에서 내적 충동을 얻는 경우이다. 사건적 모티프를 가진 소설로는 김인숙의『브라스밴드를 기다리며』와 로버트 코마이어의『초콜릿 전쟁』을 들 수 있다.

  소설 『브라스밴드를 기다리며』는 이혼을 결정하고 절차를 밟기 위해 법원으로 가던 도중 남편이 교통사고로 숨진다. 이 사건은 서사 전반에 영향을 미치는 독특한 모티프가 된다. 그녀는 장례식장에서 미망인일까, 전 부인일까. 그녀의 집은 남편과 살던 집일까? 친정이어야 할까. 법원 앞 사거리에서 이혼할 남편이 죽어버린 사건은 그녀의 나머지 삶뿐만 아니라 지나간 삶까지도 다시 해석하게 만든다.

  소설 『초콜릿 전쟁』은 주인공 제리 르노가 학교의 초콜릿 판매 행사를 거부하는 사건을 모티프로 전개된다. 작가 로버트 코마이어는 이 소설의 모티프를 아들이 학교의 연례행사인 초콜릿 판매를 거절한 일에서 얻었다고 밝혔다. 그러나 작가는 이 작은 모티프를 확장해 일상의 은폐된 폭력을 날카롭게 드러내 보인다. 부당한 집단권력에 대한 제리 르노의 작은 반란은 달콤한 초콜릿이 은유하는 평화로운 일상에 숨겨진 폭력과의 격렬한 결투로 확장된다.

  사건적 모티프를 가진 영화로는 정지영 감독의 《부러진 화살》과 봉준호 감독의 《살인의 추억》, 제임스 카메론 감독의 《타이타닉》 등을 들 수 있다. 《부러진 화살》은 교수 지위 확인소송에서 패소한 교수가 석궁으로 판사를 쏜 사건을, 《살인의 추억》은 연쇄강간살인 사건을, 《타이타닉》은 1912년 북대서양에 침몰한 타이타닉 호가 탐사대들에 의해 발견되는 사건을 모티프로 전개된다.

세 번째로 특정 사물이 빚는 독특한 상상력이 서사 전체를 지배하는 사물적 모티프를 들 수 있다. 사물적 모티프를 가진 소설로는 오정희의 「동경」, 정도상의 「십오방 이야기」, 최인석의 「노래에 관하여」, 이승우의 「칼」, 울찌툭스의 「수족관」, 메도루마 슌의 「투계」, 아베 코보의 『모래의 여자』를 들 수 있다.

아베 코보의 소설 『모래의 여자』는 곤충과 모래를 모티프로 끝없는 경쟁에 내몰리는 인간의 문제를 파헤치고 있다. "모래땅에 사는 곤충"을 채집하러 떠난 남자는 어떤 생물도 받아들이지 않는 "모래의 불모성"에 집착하다가 모래 세계에 감금당한다. 그리고 그는 모래에 파묻혀 죽지 않기 위해서 매일 삽질을 해야 하는 상황 속에서 자신의 정체성을 찾으려 한다. 작가는 사물적 모티프인 모래의 속성과 이미지에 대한 해석과 확장을 통해 일상과 존재의 의미에 대해 묻는다. 모래 퍼내기라는 무망한 수고는 아베 코보가 고안한 현대인의 은유다.

사물적 모티프를 가진 영화로는 비토리오 데 시카 감독의 《자전거 도둑》과 마지드 마지디 김독의 《천국의 아이들》이 대표적이다. 《자전거 도둑》은 공황기의 가난한 가장이 일자리를 얻기 위해 이불까지 저당 잡히고 마련한 자전거를 잃어버리면서 시작되는 이야기다. 영화는 처음부터 끝까지 자전거를 매개로 서사를 전개한다. 《천국의 아이들》은 수선한 동생의 구두를 잃어버

천국의 아이들

린 오누이의 이야기로, 네 켤레의 신발이라는 사물적 모티프가 서사를 발전시킨다. 여러 에피소드 가운데 오빠가 달리기대회에서 발가락이 물러터지도록 전력으로 뛰어 1등을 하고도 삐죽삐죽 우는 장면은, 이 영화의 사물적 모티프가 빚은 서사의 절정이다. 동생에게 운동화를 선물하기 위해서 달렸으나, 운동화는 3등 상품이었기 때문이다.

네 번째는 인물의 독특한 성격을 모티프로 삼는 성격적 모티프가 있다. 이러한 유형의 소설은 이문구의 『유자소전』, 김남일의 『천재토끼 차상문(한 토끼 영장류의 기묘한 이야기)』을 들 수 있다.

이문구의 소설 『유자소전』은 남의 궂은일을 자기 일처럼 챙기면서도 앞에 나설 줄 모르는 인물을 모티프로 하고 있다. 손해는 조금도 안 보고 살려는 사람만 득실거리는 시대에 유자의 캐릭터는 낯설기조차 하다. 그리고 소설을 다 읽은 독자들은 유자라는 인물을 통해서 우리가 무엇을 잊거나 잃어버리고 살아왔는지 섬뜩하게 깨닫는다. 김남일의 소설 『천재토끼 차상문』은 사람에 대한 절망감에 포위된 인물이 토끼라는 캐릭터로 세상을 탈출하는 이야기다. 토끼가 된 인물은 인간을 억압하는 관계사슬과 관념으로부터 완전하게 자유롭다. 인간이 아닌 토끼가 되어서야 비로소 자유로워지는 서사는 성격적 모티프의 귀결이다.

성격적 모티프는 캐릭터의 재해석과 전복으로도 나타난다. 김훈의 『칼의 노래』는 이순신이 정유년(1597년)에 감옥에서 나와 백의종군할 때부터 다음 해 노량 앞바다에서 전사하기까지의 행적을 그린 작품이다. 이 소설은 이순신을 장군이 아닌 한 명의 남자이자 아버지로 새롭게 해석했다. 김훈은 이순신에게 부여된 고정관념을 무너뜨리고 그 뒤에 가려졌던 감성적 인간의 면모를 전면으로 끌어냈다.

필자의 소설 『존재의 형식』은 베트남의 민족해방 전쟁에 참전했던 전사 반레를 다룬 작품이다. 이 소설은 한국인에게 '베트콩'이란 부정적인 이미지로 각인되어 있는 '베트남 민족해방 전쟁의 전사'를 전장에서 잠시 만난 동료조차 영원히 잊지 않고 살아가는 인간적인 인물로 새롭게 해석하고 있다. 열일곱 살의 나이로 입대했던 레지투이는 긴 전쟁기간 동안 3백 명의 입대 동기 중에서 294명을 잃었다. 294명 중에는 전투복 주머니에 시집을 넣고 다니며 틈틈이 시를 읽고 썼던 반레라는 시인 지망생도 있었다. 살아남은 레지투이는 전쟁이 끝나고 시인이 된다. 그는 시인이 되고 싶었으나 시인이 되지 못한 채 전장에서 죽은 동료 반레의 이름으로 첫 시를 발표했고, 지금도 그 이름으로 시를 쓴다. 반레로 살아가는 레지투이라는 캐릭터가 보여주는 존재의 형식은 베트남전쟁에 참전했던 전사들에 대한 고정관념을 전복시키면서 인간이 지녀야 할 존재의 형식이 무엇인지를 묻고 있다.

성격적 모티프를 가진 영화로는 뤽 베송 감독의 《레옹》과 스티븐 스필버그 감독의 《쉰들러 리스트》 등이 있다. 《쉰들러 리스트》는 2차 세계대전 당시 독일군 점령하의 폴란드에서 사업을 했던 쉰들러라는 인물을 모티프로 하고 있다. 그는 유태인이 운영하던 공장을 인수하기 위해 나치에 입당하고 독일군에 뇌물을 주는 일도 서슴지 않는 전형적인 장사꾼이다. 영혼 없는 수완가였던 쉰들러는 유태인인 회계사 스턴과 가까워지면서 강제수용소로 끌려가는 유태인들을 동정하게 된다. 유태인을 구해내기로 결심한 쉰들러는 독일군에게 뇌물을 주는 등 자기만의 방식으로 천 명이 넘는 유태인을 구해낸다. 그렇다고 쉰들러가 거룩한 양심적 지성이나 인권투사로 변하지는 않는다. 그는 여전히 바람

쉰들러 리스트

둥이고 뒷거래를 서슴지 않는 장사꾼이다. 이것이 영화의 핵심 모티프인 성격적 인물 쉰들러의 매력이다.

마지막으로, 이념과 철학적 문제를 모티프로 삼는 이념적 모티브가 있다. 이러한 소설로는 친기즈 아이뜨마또프의 소설 『백년보다 긴 하루』, 도스토예프스키의 『죄와 벌』, 김원일의 『푸른 혼』을 들 수 있다.

『푸른 혼』은 인혁당 사건을 다룬 소설이다. 1974년 4월 반독재투쟁이 격화되자 중앙정보부는 인혁당을 조직하여 국가를 전복하려 했다는 혐의로 23명을 구속기소하고, 법원은 이들에게 사형과 무기징역, 징역 15년 등의 중형을 선고했다. 사형을 선

제8장 서사예술의 아홉 가지 유형 187

고받은 여덟 명은 대법원에서 상고가 기각된 바로 다음날 새벽 형장의 이슬로 사라졌다. 여덟 명 중에는 서른한 살 청년이었던 경북대학교 학생회장 여정남도 포함되어 있었다. 『푸른 혼』은 인혁당 사건을 다룬다는 점에서 사건적 모티프를 가진 작품으로 분류할 수도 있다. 하지만 분단과 반공 이데올로기가 어떻게 무고한 개인의 생명까지 앗아가는지를 보여주는데 초점을 맞추고 있다는 점에서 이념적 모티프를 가진 작품으로 보는 것이 더 타당해 보인다. 아버지가 6·25 전쟁 중에 월북한 뒤 연좌제의 굴레 아래서 성장한 작가 김원일이 이전에도 꾸준히 민족분단과 이념대립을 소설의 주제로 다루어왔다는 점에서 더욱 그렇다.

도주와 추적 플롯

도주와 추적 플롯의 개요

도주와 추적 플롯은 쫓는 자와 쫓기는 자의 대결이 전체 서사를 끌어나가는 방법론으로, 픽션에서 가장 많이 사용된다. 이 범주에 완전히 속하지 않는 유형의 영화나 드라마도 도주와 추적 플롯의 기본 요소를 얼마간 이용한다.

도주와 추적 플롯은 인류 역사와 함께 발전해온 서사전개 형식이자 방법론이다. 그 기원은 사냥과 전쟁에서 찾을 수 있다. 사냥은 잡느냐 못 잡느냐, 먹느냐 굶느냐가 걸린 일이다. 전쟁은 쫓고 쫓기는, 죽느냐 죽이느냐가 걸린 일이다. 결국, 사냥과 전쟁은 인간의 생명이 걸린 원형적 생존게임이다. 그리고 예술은 생활양식의 반영이며 연장이다. 예술이 반영하고 있는 것은 인간의 생존 조건만이 아니다. 인간의 기쁨과 두려움, 꿈과 욕망에 대한 표현 욕구가 예술로 발전되었다. 즉, 예술 속에는 생존을 위한 치열한 고투와 생을 지탱해주는 오락적 요소가 함께 깃들어 있다.

스토리텔링은 인간의 본능이다. 인류의 가장 오래된 이야기는 바위에 새겨져 있다. 암각화의 주제는 대부분 사냥과 전쟁이다. 이는 생존을 위한 기억 저장행위로, 고대인들에게 기억하는 정보의 양은 생존 가능성과 직결되었다. 어디로 가야 사냥감이 있고 과실이 있는지 잊지 말아야 했다. 사막과 초원에서 혼자 고립되지 않으려면 방향도 잃지 말아야 한다. 예를 들어 북극성은 변치 않는 밤의 안내인이었다. 북극성을 기억하고 찾아내는 사람은 집으로 돌아올 수 있고, 찾지 못하는 사람은 돌아올 수 없다. 그래서 세계의 모든 민족은 북극성에 관한 이야기를 가지고 있다.

살기 위해서는 많은 정보가 필수다. 그 정보를 기록하는 방법은 바위에 새기는 것이었다. 그러나 바위에 얼마나 많은 것을 새길 수 있겠는가? 그리고 바위로부터 멀리 떠났을 때 필요한 정보는 어떻게 불러내서 사용할 수 있겠는가? 바위를 들고 다니며 볼 수는 없지 않은가. 머릿속에 저장하는 것이 가장 편리하겠지만 기억은 끊임없이 휘발된다. 늘 도주하는 기억을 붙들어두기 위한 인간의 필사적인 노력의 과정에서 탄생한 것이 스토리텔링이다.

북극성을 기억하기 위한 그리스인들의 스토리텔링은 그리스·로마 신화로 남았다. 그리스·로마 신화에서 북극성은 작은

곰자리에 속한다. 제우스는 바람둥이였다. 제우스가 헤라 몰래 다른 여자를 사랑하여 아이를 낳았다. 화가 난 헤라는 제우스가 사랑한 여인을 곰으로 만들어 버렸다. 아이는 자라서 청년이 되었고, 숲으로 사냥을 나갔다. 커다란 곰을 발견한 아이는 그 곰이 자신의 엄마인지도 모르고 활을 겨누었다. 하늘에서 이 장면을 내려다보고 있던 제우스는 자신의 아들이 제 어미에게 활을 쏘려는 순간 둘을 하늘로 불러 올려 별로 만들었다. 그래서 엄마는 큰곰자리, 아들은 작은곰자리가 되었다. 이것이 그리스와 로마의 신화에 나오는 곰자리 스토리텔링이다. 작은곰자리인 북극성은 지구의 자전축에 위치해 있기 때문에 언제나 같은 자리에 있다. 다양한 민족들은 정보의 저장 방식으로 스토리텔링을 활용하여 생존해 왔다.

생존이 달린 것보다 더 강력한 이야기는 없다. 인류가 만들어 낸 가장 오래된 스토리텔링의 방법론자이자, 목숨과 생존의 문제가 걸린 큰일을 일을 다루는 플롯의 유형이 바로 도주와 추적의 유형이다.

도주와 추적 플롯의 규칙

인류의 생존에 관한 서사인 도주와 추적은 세상이 발전하면서 오락의 기능이 점차 강화되었다. 사람들은 게임기나 컴퓨터 앞에 앉아 다양한 방법으로 몹을 사냥하고 적을 죽인다. 전자게임 이전에는 술래잡기와 숨바꼭질의 형식으로 도주와 추적의 양식이 존재했다.

술래잡기와 숨바꼭질은 인류의 가장 오래된 게임의 양식이다. 술래잡기는 잡느냐 잡히느냐, 숨바꼭질은 찾느냐 숨느냐의 규칙을 가지고 있다.

도주와 추적의 플롯에도 이 두 가지 규칙이 대결적 구도로 짜여있다. 쫓는 자가 있으면 반드시 쫓기는 자가 있다. 숨는 자가 있으면 반드시 찾는 자가 있다. 그래서 주인공과 도망자, 주인공과 추격자가 양립하는 구조가 성립한다.

도주와 추적의 플롯이 강력한 힘을 갖는 이유는 늘 생명과 생존을 담보하기 때문이다. 계획대로 되지 않으면 죽게 되거나 그에 상응하는 형벌을 받아야 한다. 그래서 이 서사는 자기 전부를 걸어야 하는, 판돈이 큰 게임이다.

도박은 위험이 클수록 희열도 크다. 아니, 위험이 적으면 진정한 도박이라고 말할 수 없다. 한 달에 10억을 버는 사람이 하루 아침에 1억을 잃는 것은 도박이 아니다. 그 사람의 생에 큰 영향을 미치지 못하기 때문이다. 하지만 한 달에 백만 원을 버는 이가 하룻밤에 천만 원을 잃으면 그 사람의 삶은 파국으로 치닫는다.

도주와 추적의 플롯 역시 위험이 클수록 독자나 관객의 희열이 커진다. 도주의 실패가 주인공의 인생에 커다란 영향을 미치지 않는다면 흥미는 반감될 것이다.

　미국 FOX사의 드라마《프리즌 브레이크》에서 주인공 마이클 스코필드(웬트워스 밀러)는 친형 링컨 버로우스(도미닉 퍼셀)를 감옥에서 구출해야 한다. 만약 자신의 작전이 실패한다면 형은 죽는다. 판돈이 아주 큰 게임이다. 시드니 루멧 감독의 영화《허공에의 질주》에서도 마찬가지다. 반전 시위를 하며 테러를 저질렀다는 이유로 지명 수배 중인 주인공은 경찰에게 붙잡히면 15년 이상 감옥에 갇혀야 한다. 레마르크의 장편소설『개선문』의 주인공도 잡히면 나치 수용소로 가야 한다.

프리즌 브레이크

위의 작품 속에서 주인공들이 처한 상황은 모두 제각각이지만, 실패에 따른 결과는 하나같이 치명적이다. 이러한 치명성이 도주와 추적 플롯의 긴장감을 보장해 준다.

그 외에도 도주와 추적 플롯의 긴장감을 효과적으로 끌어내기 위한 필수적인 요건들이 있다.

첫 번째, 위험과 항상 근접해 있어야 한다. 위험이 시공간적으로 멀리 있어서는 안 된다. 위험은 항상 지금 이 순간, 지척에 놓여 있어야 한다. 그래서 단 한 순간이라도 주의를 소홀히 할 수 없어야 한다. 위험이 멀면 긴장감 역시 곁을 떠난다. 술래잡기가 아슬아슬한 거리감의 게임이라는 것을 잊어서는 안 된다.

두 번째, 예상되는 상황과 예상 밖의 상황이 모두 전개되어야 한다. 모든 사건이 예상 밖의 상황이면 독자와 관객이 서사를 따라가기 어렵다. 독자와 관객도 게임에 참여해야 하므로 일정 부분 독자가 예상할 수 있는 진로를 따라야 한다. 그렇다고 예측 가능한 상황으로만 이끌어도 안 된다. 두 상황을 적절히 병치시켜 나가야만 독자의 긴장감을 유지할 수 있다. 여기서는 독자의 예상이 맞고 다음에는 맞지 않는 상황이 이어져야 한다. 기대하게 만들면서 기대를 넘어서는 상황이 나타날 때 독자는 작품에 매료된다.

세 번째, 적대적 갈등과 비적대적 갈등이 공존해야 한다. 적대적 갈등만 있다면 단조로운 선악이나 흑백 논리를 벗어날 수 없다. 비적대적 갈등 즉 아군끼리의 갈등도 있어야 한다. 이는 적과의 갈등이 지닌 단순성을 보완하는 동시에 적대적 갈등을 증폭시킨다. 영화『허공에의 질주』에서는 아들을 남겨두고 갈 것인가 말 것인가를 두고 남편과 아내, 아들, 이 3자 간의 갈등이 생긴다. 그것 때문에 위험한 상황으로 발전될 가능성이 열린다.

네 번째, 사건과 인물의 심리가 일치되어야 한다. 사건과 인물의 심리적 감정선이 따로 가면 안 된다. 만약, 인물의 심리와 사건이 완전히 분리되면 단순한 공포·스릴러가 된다. 아무런 이유 없이 전기톱을 휘두르는 것과 다름없는 서사가 되는 것이다. 그래서 사건의 발전단계는 주인공 심리의 발전과 일치해야 한다. 서사의 클라이맥스는 사건의 크기나 강도, 자극성이 아니라 인물의 심리가 최고조에 달하는 지점이다. 절정의 사건에서 인물의 심리도 절정에 도달해야 한다. 주인공이 행복하지 않으면 독자나 관객도 기쁘지 않다.

다섯 번째, 도주와 추적의 이유가 정당해야 한다. 억울함을 벗기 위한 도주, 마땅히 해야할 복수를 위한 추적이어야 독자의 지지와 성원을 얻을 수 있다. 이 성낭성이 확보되지 않으면 앞에서 언급한 모든 플롯의 요소들이 성공해도 독자의 공감을 얻을 수 없다. 이것이 무너지면 다른 모든 전제도 무너진다.

도주와 추적 플롯의 다섯 가지 필수적인 요건은 서사의 대결과 긴장을 효과적으로 뒷받침해주는 극적 특성이라고 할 수 있다. 하지만 도주와 추적의 플롯에서는 극적 특성만으로 독자나 관객의 지지를 얻을 수 없다.

도주와 추적 플롯의 인물

도주와 추적의 플롯에는 극적 특성뿐 아니라 주인공의 필수요건을 충족해야 한다. 이 대결의 서사에서 독자나 관객들은 주인공의 도주나 추적을 지지할 수 있어야 한다. 즉, 서사의 긴장감을 확보하고 극대화하기 위해서는 인물의 성격과 매력도 철저하게 계획해야 한다. 만약, 매력적인 주인공을 창조하는 데 실패한다면 독자는 주인공의 도주에 무관심해지거나 도주의 실패를 바라거나 서사세계를 떠날 것이다. 그렇기 때문에 도주와 추적의 서사에 등장하는 주인공에게는 반드시 갖추어야 할 필수요건이 있다.

첫째, 강하고 일관성이 있어야 한다. 지리멸렬해서는 안 된다. 이랬다저랬다 하면 안 된다. 한번 가기로 마음먹었으면 끝까지 가야만 한다. 『프리즌 브레이크』의 주인공 마이클 스코필드는 시종일관 억울한 누명을 쓴 형을 구하는데 망설이지 않는다. 이렇게 동요하지 않는 의지가 반드시 필요하다. 시드니 루멧 감독의 《허공에의 질주》에서 잠시 동요하는 모습을 보이는 아버지

역시 기본적으로는 강하고 일관성이 있는 인물이다. 특히 아들에 대해서 단호하다. 아들의 재능과 진로 문제로 인해 가족의 품을 떠나야 하는 갈등 속에서도 그는 '우리 가족이 어때서?', '이것보다 어떻게 더 잘 살 수 있는가.'라는 주장을 강하게 펼친다. 작품 속에 등장하는 강한 캐릭터들은 처음부터 끝까지 그 성격을 유지한다.

둘째, 주인공은 유능해야 한다. 어리석어서는 안 된다. 강하기만 해서도 안 되고 능력이 있어야 한다. 능력이 있어야 상대를 따돌리고 도망을 가며, 추격전을 펼칠 수 있다. 『개선문』에서 라비크는 잡히는 순간 추방당해야 하는 상황에 처해있다. 독일에서는 유능한 의사였지만 지금은 파리에서 취직도 할 수 없는 도망자 신세다. 하지만 그는 최고의 외과의사로서 뛰어난 실력을 갖추고 있다. 그래서 유명한 의사가 마취해 놓은 환자를 대신 수술하기도 한다. 『프리즌 브레이크』의 주인공인 스코필드 역시 로욜라 대학에서 구조공학을 전공한 천재 엔지니어다. 이러한 능력이 탈옥과 도주를 가능하게 한다. 이처럼 특별한 능력이 주인공에게 없다면 서사를 담당할 수 없다.

셋째, 순정이 있어야 한다. 그래야 독자가 인물에 감정을 이입하고 전면적으로 지지한다. 주인공을 믿어야 할지 말아야 할지, 착한 놈인지 나쁜 놈인지 헷갈려서는 안 된다. 누구 편인지가 확실해야 한쪽 편을 들게 된다. 이기는 편이 우리 편인 것이 아니라 우리 편이니까 이겨야 한다. 우리 편이 나쁜 놈일지도 몰라 라는 의심이 생겨서는 안 된다.

  넷째, 치명적인 결함을 지녀야 한다. 모든 것이 완벽하다면 위기감이 생기지 않기 때문이다. 예를 들어 완벽한 육체가 무기인 사나이가 있다. 그런 인물이라면 비행기를 탈 수 없거나 물속에 들어갈 수 없는 등의 결함이 있어야 한다. 탈주하여 작은 강 앞에서 망설이거나 위기의 순간 비행기 앞에서 망설이는 등의 결정적 결함이 있어야 한다. 결정적 결함이 서사의 위기를 만들어 낸다.

  이렇게 발생한 위기 때문에 제3의 인물이 등장할 여지가 생긴다. 제3의 인물이 나타나서 이 강을 건너지 못하는 자를 건너게 해 주는 것. 이것이 조력자의 몫이다. 모든 도주와 추적 플롯의 작품에는 일대일 대결관계의 팽팽함을 깨트리는 조력자들이 있다. 《허공에의 질주》에서는 결정적 순간 차를 바꾸어주는 조력자가 나타난다. 아버지에게 연락해주는 친구, 용돈을 주는 치과의사 등 이런 조력자가 서사를 더욱 흥미롭게 만든다. 그리고 적에게도 조력자가 있다. 도주와 추적에 강하고 유능한 적수를 더하여 팽팽한 균형을 깬다. 내부와 외부에 존재하는 이러한 적수는 반드시 주인공에게 필적할 능력을 갖추고 있다. 《프리즌 브레이크》에서 주인공을 쫓는 CIA 요원의 능력도 주인공 못지않다. 게다가 적의 뒤에는 +a가 있다. 주인공과 적수는 대등하거

허공에의 질주

나 막상막하이지만, 상대의 배후에는 CIA나 마피아 같은 거대한 지원군을 가지고 있다. 거기에 맞서는 개인은 말 그대로 개인의 목숨을 건 고독한 투쟁을 하게 되는 것이다.

이런 네 가지 요소가 도주와 추적 플롯의 주인공에게 반드시 있어야 하고, 유지되어야 한다. 주인공의 캐릭터가 절대 바뀌어선 안 된다. 그러나 서사에서 아무도 캐릭터가 바뀌지 않는다면 그 서사는 지나치게 단조로울 것이다. 그걸 방지하기 위해 주인공의 주변에 변화하는 인물을 배치해야 한다. 《프리즌 브레이크》의 후반에서 CIA 요원은 가장 강한 적에서 동지로 바뀐다. 그리고 진정한 적은 그의 뒤에 있는 거대한 조직이 된다. 거대한 조직에 맞서 유능한 개인들이 연합을 이루는 것, 이러한 변화를 통해 서사는 긴장감을 유지한다.

도주와 추적 플롯의 공간

도주와 추적 플롯에서 극적 긴장감과 집중력을 높이기 위해서는 공간의 제약이 필요하다. 숨바꼭질에서 술래와 숨은 이가 숨을 죽이는 이유는 장롱 밖 혹은 장롱 안에 상대방이 있을지도 모르기 때문이다. 하지만 술래잡기의 공간이 집 안이 아니라 마을 전체로 확장된다면 이런 긴장감은 만들어지지 않을 것이다.

동일한 이유로 도주와 추적의 플롯에서는 감옥과 수용소, 정신병원, 고립 공간 등의 공간이 자주 사용된다. 감옥과 수용소를 배경으로 한 영화로는《쇼생크 탈출》(프랭크 다라본트)《빠삐용》(프랭클린 J. 샤프너)《미드나잇 익스프레스》(알란 파커)《제 17 포로수용소》(빌리 와일더)《대탈주》(존 스터지스), 정신병원을 공간적 배경으로 한 작품으로는《뻐꾸기 둥지 위로 날아간 새》(밀로스 포만)『바보들이 도망간다』(이토야마 아키코), 고립공간은《미저리》(롭 라이너)《올가미》(김성홍) 등을 꼽을 수 있다.

이렇게 설정한 공간이 사람들의 흥미를 끌 수 있는 새롭고 신선한 공간이라면 더없이 좋겠지만, 새로운 것은 거의 남아있지 않다. 그래서 기존의 공간을 재해석하는 과정을 거쳐야 한다. 사람들에게 익숙한 공간에 새로운 감각과 인식을 부여해야 하는 것이다. 일가족이 한강에서 서식하는 돌연변이 괴물과 맞서는 이야기인 봉준호 감독의 영화 《괴물》은 한강이라는 익숙한 공간에 새로운 감각을 부여했다. 한강이 괴생명체가 살아갈 만큼 어둡고 음산한 곳으로 다시 탄생한 것이다.

도주와 추적 플롯의 유의사항

이 플롯은 인물보다 사건이 중심이다. 그래서 인간의 심리보다 행동에 초점이 맞추어진다. 이점이 대중 장르에서 가장 선호하는 유형인 이유다. 영화, 드라마, 만화, 장르소설에서 도주와 추적의 플롯은 매우 효과적이다. 그러나 본격소설에서는 위험성이 매우 높은 플롯이 된다. 인물보다 사건, 심리보다 행동에 초점을 맞추다 보면 소설의 정신, 복잡성의 정신을 상실하고 단순성의 정신으로 전락하기 쉽기 때문이다. 본격소설의 고유한 독자성은 인간의 내면에 비추어진 세계에 대한 탐색이다. 이 세계와 인간은 대결구도로 단순하게 치환되지 않으므로 소설도 단순화할 수 없다. 이 플롯의 효용을 적절한 수준에서 활용하고 조절하지 않으면 대중적인 장르소설로 흐를 수밖에 없다.

또한, 도주와 추적 플롯의 서사는 속도감이 가장 중요하다. 속도감을 가미하기 위해서는 서사뿐만 아니라 문체나 영상에도 신경을 써야 한다. 소설의 경우에는 간결한 문체를 사용하고 짧은 호흡을 유지하며 작품을 동적으로 만들 수 있는 동사를 자주 활용해야 한다.

만남과 엇갈림 플롯

만남과 엇갈림 플롯의 개요

　만남과 엇갈림 플롯은 소재나 사건이 아닌, 인간의 관계를 중심으로 전체 서사를 풀어나가는 플롯 유형이다. 그래서 이 플롯은 관계 중심 유형이라고 할 수 있다. 이 유형은 흔히 두 사람의 만남과 이별을 둘러싼 관계에 의해서 서사가 전개된다. 그 결과, 이성보다 감성이 더 중요하게 작용한다.
　이 플롯은 정서와 감정에 서사 전개를 의존하며, 이것은 당연히 관계로부터 발생한다. 그러므로 서사의 성패는 관계의 특수성에 달려있다. 그 관계가 얼마나 매혹적이고 흡입력이 있으며 설득력을 가지고 있는가. 독자나 관객을 얼마나 애타게 하고 긴장시키며 슬프게 하는가. 이러한 것이 두 사람의 관계를 중심으로 펼쳐지는 것이다.
　여기에 등장하는 인물은 보통 사람에서 특별한 사람으로 지위가 상승된다. 거리에선 만 명 중 한 명에 불과한 사람이지만, 이 플롯의 관계 속에서는 세상에 하나뿐인 특별한 사람이 된다. 더 나아가 선한 사람이 더 없는 악인이 될 수도, 보잘것없는 사람이 유일하게 소중한 사람이 될 수도 있다. 무라카미 하루키의 소설 『1Q84』에서 덴고는 아오마메에게 특별한 사람이다. 하지만 덴고에게 얽힌 관계의 특수성을 제외한다면 별 대단치 않은 남자다.

결과적으로 이러한 플롯은 인물의 행복 혹은 불행으로 연결되는데, 이 역시 관계로부터 발생한다. 즉, 관계로 시작해서 관계로 끝난다는 점이 이 플롯의 특징이다. 그래서 인간관계의 역사라는 우리 소설의 일반적인 형식에 가장 잘 들어맞는 유형이다.

만남과 엇갈림 플롯의 구조

소설의 구성에 관해 이야기할 때 빠지지 않은 것은 기승전결이나 발단·전개·절정·결말이다. 이 네 단계의 서사 발전 과정은 만남과 엇갈림의 유형에 특히 유용하다.

발단 단계는 두 사람의 만남과 사랑이 시작되는 단계. 또는 이미 헤어진 사람이 등장해서 만남의 의지를 가지는 것으로부터 이야기는 출발한다. 그러나 이 만남은 근원적인 한계, 제약, 방해물을 반드시 맞닥뜨린다. 이는 인종이나 계급, 이념 등 태생적인 한계와 제약이다. 물론, 두 사람의 만남은 아무런 전제가 없는, 서로의 배경에 대한 고려가 전혀 없는 우연적이고 운명적인 만남이다. 하지만 그 운명으로 인해서 고려하지 않았던 제한 요인들이 갑작스럽게 등장하여 관객들의 흥미와 기대를 발생시키는 것이다.

전개 단계에서는 관계가 깊어지고 태생적인 제약요인이 현실화된다. 두 인물은 상대방을 더욱 간절히 원하고 사랑을 완성하기 위해서 더욱 노력한다. 그리고 사랑이 절정에 이르렀을 때, 내재해 있던 근원적 제약이 작동한다. 신분의 차이, 이념의 차이, 종교의 차이, 연령의 차이, 국적의 차이, 혹은 성별의 동일성(동성애), 가계의 동일성(근친상간) 모두 근원적 제약이라고 할 수 있다. 이는 금지된 사랑의 서사에서 많이 나타난다. 사랑을 시작하는 단계에서는 이런 제약이 은밀하게 내재된 채 드러나지 않는다. 그러나 사랑이 결실을 맺게 되면서 다양한 문제들이 현실로 불거진다. 만약 태생적 제약요인이 없다면, 유학을 떠났던 옛 애인이 돌아오는 등 장애물이 돌발적으로 등장한다. 이 장애물은 서사의 직접적인 갈등요인이 된다.

절정 단계에서는 두 인물이 태생적 제약요인이나 장애물과 정면으로 충돌하여 파국에 이르거나 사랑을 쟁취한다. 이 파국 혹은 쟁취는 두 인물의 강력하고 절박한 의지로 인해 발생한다.

스콧 피츠제럴드의 소설 『위대한 개츠비』에서 주인공 개츠비는 오 년 전 헤어진 연인 데이지를 만나기 위해서 웨스트에그로 이사를 한다. 과거에 그는 가난 때문에 데이지를 포기해야만 했다. 하지만 오 년 간 닥치는 대로 돈을 모은 개츠비는 매일 밤 파티를 연다. 이는 자신의 장애를 극복하기 위한 긴 투쟁의 결과라고 할 수 있다. 그리고 두 사람의 관계는 절정에 이른다.

 이런 충돌과 투쟁으로 인한 결과는 세 가지로 나눌 수 있다. 첫 번째는 성취, 두 번째는 파탄, 세 번째는 파멸이다. 여기서 성취는 사랑의 성취, 파탄은 이별하거나 대립하는 것, 파멸은 죽음에 상응하는 결말이라고 할 수 있다. 그래서 이 절정은 시련에 대해 어떤 대가를 지불하는 단계인 것이다.

 결말 단계는 절정의 선택에 따른 여진을 처리하는 단계이다. 절정에서 무엇을 선택했는가에 따라서 상황이 변화되어 제시된다. 『위대한 개츠비』에서 개츠비의 선택은 죽음을 몰고 왔다. 죽음 대신 개츠비에게 남은 것은 오직 비극뿐이다. 이 선택의 결과 역시 세 가지로 나타난다. 행복을 얻거나, 고통을 겪거나, 비극적인 상황에 내몰린다. 행복을 얻기 위해서는 당연히 대상과 대상의 사랑을 모두 얻어야 한다. 고통을 겪는 것은 대상을 잃고 진정한 사랑이라는 관념만 지켜내는 것이다. 비극은 대상과 사랑을 모두 잃는 것이다. 그래서 『위대한 개츠비』는 비극에 해당한다. 자신은 데이지로 인해 죽게 되고, 결국 데이지와의 사랑도 깨지고 만다.

이러한 플롯 유형을 취하고 있는 작품은 무수히 많다. 귀스타브 플로베르의 『보바리 부인』, 톨스토이의 『안나 카레니나』, 에밀리 브론트의 『폭풍의 언덕』, 샬롯 브론테의 『제인 에어』, 제인 오스틴의 『오만과 편견』 등이 이런 범주에 속한다. 이 작품들에 등장하는 인물은 만남과 엇갈림의 구조 위에 던져져 있다.

만남과 엇갈림 플롯의 관계

만남과 엇갈림 플롯의 성공과 실패는 관계의 매혹이 좌우한다. 관계의 매혹은 환상적인 관계에서 비롯된다. 세상에는 다양한 관계가 존재하지만 그중 신분의 차이가 제약요인으로 등장하는 서사는 독자를 매혹한다. 가난한 딸이 왕자님을 만나고 시골 출신의 똑똑한 남자가 재벌 집 딸을 만나는 환상적이고 비현실적인 이야기가 독자들의 욕망을 가장 잘 채워준다.

사람들 대다수는 재벌이나 재벌의 아들딸이 아니다. 그래서 재벌이 아닌 남자들은 행복을 저해하는 요인을 제거하기 위해서 재벌의 딸과 결혼할 필요가 있다. 이러한 대다수의 욕망을 최대한 부응할 수 있다는 것이 이 플롯이 가진 강점이다. 그래서 독자나 관객이 자신과 등장인물을 동일시할 수 있도록 계획해야 한다.

만남과 엇갈림의 플롯은 아주 오랜 옛날부터 줄곧 사용되었다. 그 대표적인 작품으로 『로미오와 줄리엣』을 꼽을 수 있다. 이 서사를 접한 많은 사람은 두 집안에서 로미오와 줄리엣을 그냥 뒀더라면 자연스럽게 헤어졌을 거라고 말한다. 하지만 이 플롯의 오랜 생명력은 이러한 견해에 동의하지 않을 것이다. 사실 『로미오와 줄리엣』은 윌리엄 셰익스피어가 처음 쓴 작품이 아니다. 셰익스피어는 『로미오와 줄리엣』을 네 번째로 각색한 4번 타자일 뿐, 원작은 백 년 전에 이미 쓰여 졌다. 그 긴 각색의 과정을 거치면서도 이 플롯은 독자와 관객들에게 한결같은 사랑을 받았고 유지되었으며 발전해왔다. 게다가 만남과 엇갈림의 플롯을 채택한 이야기들이 너무 흔해서 더 이상 만들어지지 않을 것 같지만, 여전히 텔레비전에선 매일 저녁 앞다퉈 방송하고 있다.

최근 종영한 주찬옥 작가의 드라마 《남자를 믿었네》도 확장된 만남과 엇갈림의 플롯을 사용한다. 극중 엄마는 대기업의 사장을 사랑하고, 큰딸은 그 대기업 사장의 아들과 결혼을 목전에 두고 있다. 게다가 둘째 딸은 그 사장의 엄마의 아들과 사랑하고 있다. 이렇게 한 가족 모두가 왕자님을 만나고 있다. 이와 유사한 서사 설정과 전개를 가진 드라마는 일일이 열거하기도 어려울 만큼 많다. 그럼에도 신분의 차이가 제약요인으로 등장하는 드라마들, 《내 이름은 김삼순》, 《시크릿 가든》, 《풀 하우스》 등 대부분이 높은 시청률을 기록했다.

만남과 엇갈림의 플롯은 인류와 영원히 함께 할 것이다. 그 이유는 만남과 엇갈림의 플롯만이 가진, 욕망을 충족시키는 환상 때문이다.

인간에겐 현실에서 결코 채울 수 없는 환상이 있다. 그래서 모든 예술은 현실을 재현하는 것과 더불어 환상을 생산하고 충족시켜주는 역할을 한다. 서사예술에서는 만남과 엇갈림의 플롯만큼 인간의 환상과 욕망을 잘 채워줄 수 있는 유형이 없다. 그래서 오늘도 지치지 않고 활용되는 것이다. 하지만 그만큼 독자와 관객을 사로잡기가 쉽지 않다. 또한 신파로 흘러갈 위험성을 지니고 있다.

만남과 엇갈림 플롯의 유의사항

만남과 엇갈림 플롯의 범용성은 우리의 상상을 훌쩍 넘어선다. 평소 접하는 대부분의 서사에선 이 플롯을 일정 부분 활용하고 있다. 그러나 많은 작가와 감독이 이 플롯의 위험성을 간과한다. 앞에서 말했듯이 이 플롯은 이성보다 감성을 더 중시한다. 그래서 이 플롯이 지닌 감성의 힘을 잘못 사용했을 때는 통속적인 작품, 신파라는 비난을 피할 수 없다.

우리가 흔히 이야기하는 신파란, 센티멘탈리티(sentimentality)

라고 할 수 있다. 센티멘탈리티는 감상적인 것인데, 감상적인 서사는 전형적인 사건과 인물을 통해서 독자나 관객의 과잉된 감정을 이끌어내는 것을 뜻한다. 이와 변별되는 것으로는 센티멘트(sentiment)를 들 수 있다. 센티멘트는 정서를 뜻하는 것으로, 구체성과 근거를 가진 정서적 토대를 구축해서 독자와 관객에게 정서적 실감을 갖도록 하는 걸 의미한다. 이처럼 감상과 정서는 비슷한 듯 보이지만 전혀 다르다. 감상은 전형적인 사건과 인물에 기대 과잉된 감정을 이끌어내는 것이지만, 정서는 구체적인 인물과 사건을 통해서 설득력 있는 정서를 이끌어내는 것이기 때문이다.

다시 말해, 신파는 서사 속의 인물이 내재하고 있는 매력과 구체성으로 감동과 정서적 효과를 유발하지 않는다. 대신, 전형적인 상황과 상투적인 인물을 통해서 독자의 과잉된 감상을 끌어낸다. 예를 들어, 여자가 암에 걸렸지만 남자는 더욱 헌신적으로 사랑을 한다. 남자는 온종일 여자의 병실에 가서 수발을 든다. 이런 상투적인 상황과 관계, 과잉된 설정이 신파의 기본적 요소다.

여기서 우리는 한 가지 의문이 들 수 있다. 구체성과 감동이 결핍된 신파로부터 독자나 관객이 느끼는 감흥은 어디서 나오는 것일까. 신파 드라마를 보면서 흘리는 눈물의 정체는 무엇인가. 이 감흥과 눈물은 자기투영에서 비롯된다. 신파의 상투적인 상황 속에 자기를 대입하고, 신파에 없는 인물의 구체성을 자신의 경험과 환상 등으로 채우는 것이다. 이 과정에서 감정의 과잉이 발생한다. 즉, 독자나 관객의 과잉된 감정으로 서사를 완성하는 서사. 이것이 바로 신파다.

이러한 설정은 많은 대중작가가 흔히 사용하는 방법이다. 그렇지만 신파적 요소는 모든 작가가 가지고 있다. 하지만 그 비율을 적절히 조절해서 신파의 덫에 걸리지 않도록 하는 것이 중요하다.

신파의 늪에 빠지지 않기 위해서는 우선, 감상의 절제가 필요하다. 그러기 위해서는 작가나 감독이 서사 속 인물에 주관적인 자기감정을 지나치게 투영해선 안 된다. 작가나 감독의 감정 과잉은 독자나 관객의 감정 과잉을 유발할 수밖에 없다. 그리고 무엇보다도 관계의 구체성, 필연성, 인물의 내적 설득력을 확보해야 한다. 신파의 함정을 피할 수 있는 방법은 관계의 매혹뿐이다. 상투적이거나 기계적인 것이 아닌, 필연적인 상황이 확보된, 설득력을 가진 관계가 필요하다. 그리고 관계를 이끌어가는 인물의 설득력이 필요하다. 관계의 필연성과 설득력과 인물의 내적 동력이 결여될 경우에는 지속적인 정서적 감동을 이끌어 낼 수 없다. 순간적인 감정과잉만을 이끌어 낼 뿐이다. 인물과 관계를 매력적이고 설득력 있게 만들면, 만남과 엇갈림의 플롯은 신파의 늪에 빠지지 않고 가장 강력한 환상을 독자에게 선사할 수 있다.

더 나아가 당대에 더욱 새롭고 참신한 관계를 찾아 한 장면 한 장면 구체화해 보아야 한다. 만남과 엇갈림의 플롯의 큰 구조는 아주 단순하다. 사랑을 시작하고 위기가 찾아오고 그 위기에 자신의 모든 것을 건다. 이 간단한 구조에 참신한 인물과 관계를 삽입하는 것만으로는 신파로 빠질 위험이 남아 있다. 그래서 구체화한 장면부터 문장과 낱말에 이르기까지 세부적인 서사 전략을 철저하게 마련해야 한다.

빅토르 위고의 소설 『노틀담의 곱추』의 주인공은 곱추라는 신체적 결함을 가진 인물이다. 이 인물은 독자들에게 호감을 얻는 것뿐만 아니라 사랑을 이루는 일도 어렵다. 하지만 인물이 자신의 욕망의 실현보다는 사랑하는 여인을 지키기 위해서 자기를 내던질 때, 그 감동은 더욱 증폭된다. 이처럼 관계를 새롭게 설정하고, 새롭고 유혹적인 설정을 통해서 독자들에게 자극적인 금기를 넘어서는 흥미를 유발해야 한다. 하지만 지금 빅토르 위고가 살아나서 『노틀담의 곱추』를 다시 쓰더라도 사람들은 새로운 감동을 받지 않을 것이다. 귀스타브 플로베르와 톨스토이가 부활해서 『보바리 부인』이나 『안나 카레니나』를 다시 써도 상황은 별반 다르지 않다. 여기에 쓰인 관계는 오늘날 더 이상 참신하지 않기 때문이다.

배신과 헌신 플롯

배신과 헌신 플롯의 개요

　배신과 헌신의 플롯은 동물적인 본능에서 비롯된 배신과 인간적인 이성에서 비롯된 헌신 간의 갈등을 그리는 서사유형이다. 배신과 헌신은 약육강식의 논리가 지배하는 세상 속에서 생존하기 위한 인간의 필연적인 선택의 과정이다.
　인간의 삶은 다른 동물의 삶과 마찬가지로 경쟁과 투쟁의 연속이다. 인간과 침팬지의 DNA가 98.8퍼센트나 동일한 것처럼, 인간의 사회와 침팬지의 정글은 98.8퍼센트의 승자 독식체제로 이루어져 있다. 우리가 세련된 도시문명 속에 살아가고 있는 것 같지만 이곳도 약육강식의 논리가 지배하는 정글이다.
　자본주의는 경쟁을 제도화하고 관리하는 거대한 시스템이다. 자신의 능력에 따라 집의 위치와 크기가 주어지고, 학교가 정해지고, 직업과 수입이 결정된다. 죽음을 맞는 병원과 영안실, 조화와 조문객의 수가 결정된다. 이러한 사실을 일찌감치 파악한 어른들은 자신의 자식들이 경쟁에서 더 유리한 고지를 차지할 수 있도록 우수한 강사가 있는 학원을 물색하고 비싼 비용을 지불한다.

부모들의 이러한 행동은 불멸에 대한 열망에서 비롯된다. 불멸에 대한 열망은 종교에만 국한되지 않는다. 자식들이 경쟁에서 살아남아 자신의 유전자를 유지하는 것이야말로 불멸이다. 경쟁에서 진 유전자는 절멸되고 경쟁에서 승리한 유전자만이 살아남아 생명체로 지속된다. 그래서 "강한 것이 살아남는 게 아니라 살아남는 것이 강한 것"이란 말은 절반만 진실이다. 강한 것이 살아남고, 살아남는 것은 강한 것이다. 이것이 사실에 훨씬 가깝다.

이 가설에 과학적인 근거를 제공해준 사람은 리처드 도킨스다. 그의 저서 『이기적인 유전자』는 인간 세계를 지배하는 약육강식의 논리를 동물행동학을 통해 설명하고 있다. 이기적인 유전자는 이타적인 유전자보다 생존능력이 뛰어나다. 지금 지상에 생명을 부지하고 있는 인간들은 모두 선조 대대로 이기적인 유전자를 보유한 자들인 셈이다.

이러한 가설은 배신과 헌신 플롯의 핵심을 설명해준다. 약육강식의 논리가 지배하는 정글에서 경쟁은 일상적이고 배신은 필연적이다. 모든 동물은 경쟁자를 이기고 살아남기 위해 할 수 있는 모든 노력을 기울인다. 비록 경쟁자가 가족이나 친구일지라도 예외가 되지 않는다. 서사 속에서는 오히려 경쟁자가 가까운 관계일수록 힘을 얻는다.

여기서 몇 가지 의문이 생긴다. 배신이 이기적인 유전자의 본능이라면 헌신은 어떻게 일어나는 걸까? 공동체나 타인을 위한 사람들의 희생을 어떻게 설명할 수 있을까? 인간이란 종보다 훨씬 강한 동물들이 절멸하는 동안 인간은 어떻게 살아남았을까? 인간이 유전자의 98.8퍼센트가 같은 동물을 제치고 자연계의 지배자가 될 수 있었던 이유는 무얼까? 인간은 사자나 호랑이와 같은 맹수보다 훨씬 약하다. 그렇다면 다른 동물들이 융성하고 인간은 절멸의 길을 걷고 있어야 하지 않을까?

이 의문에 답한 사람은 생명윤리학자인 피터 싱어다. 그는 『이렇게 살아가도 괜찮은가』라는 저서를 통해 인간이란 종이 절멸하지 않은 이유가 이기성이 아니라 이타성에 있다는 주장을 펼친다. 경쟁이 아닌 협력의 능력, 배신이 아닌 헌신의 윤리성이 인간의 지속적인 생존을 가능하게 만들었다는 것이다.

이를 설명하기 위해서 피터싱어는 '죄수의 딜레마'라는 실험 가설을 이야기한다. 두 명의 공범 용의자가 심문을 받는다. 이때, 조건을 제시한다. 두 사람 모두 자백을 하면 각각 10년 형을, 한 사람만 먼저 자백했을 때 자백한 용의자는 석방되지만 자백하지 않은 용의자는 20년 형을, 둘 다 자백하지 않으면 둘 다 6개월 이내에 출소한다. 이제 두 용의자는 상대방과 차단된 상태에서 협력과 배반 가운데 하나를 선택해야 한다. 제시한 조건에 따르면, 용의자는 상대방이 어떤 선택을 하건 배반의 대가가 협력의 대가보다 크다. 그런데 여기에는 딜레마가 있다. 두 용의자가 모두 상대방을 배반한다면 협력을 할 때보다 나쁜 결과가 발생한다. 과연 두 용의자는 어떤 선택을 할까? 이 실험가설은 협력이 모두에게 이익이 된다는 사실을 알면서도 각자 자기 이익만 추구한다면 결국 상호배반이 일어나 최악의 결과를 피할 수 없다는 사실을 보여준다.

이성을 가진 인간은 이타성 덕분에 자연도태라는 최악의 결과를 피할 수 있었다. 이는 침팬지와 같은 98.8퍼센트의 유전자가 아니라 나머지 1.2퍼센트의 유전자 안에 존재한다. 이 작은 차이가 인간이라는 종의 절멸을 막았고 인간을 자연의 지배자로 만들었다. 하지만 이타성도 결국 이기성과 완전히 분리되어 있지 않다. 자신이 살아남기 위해서 서로 협력해야 한다는 사실은 이타성과 이기성이 대척점에 있지 않다는 것을 말한다.

동물적 본능에 기반을 둔 이기성, 인간적 이성에 기반을 둔 이타성. 이 둘의 문학적 표현은 배신과 헌신이다. 그리고 이 둘은 동전의 앞뒷면처럼 떨어질 수 없다.

인간이 발을 딛고 선 이 사회는 이기성이 팽배한 약육강식의 정글이다. 사람들은 자기생존을 위한 경쟁에서 벗어날 수 없다. 이 제도적인 경쟁 안에서 사람들은 결핍된 이타성을 끊임없이 갈망한다. 이런 인간성에 대한 갈증을 잘 채워주는 것이 바로 배신과 헌신의 플롯이다.

배신과 헌신 플롯의 관계

배신과 헌신의 플롯은 약육강식의 논리가 지배하는 세상 속에서 생존하고 인정받기 위해서 노력하는 인간을 그리는 서사유형이다. 이 플롯에 놓인 인물은 자신의 존재가 위협당하는 상황에 직면하여, 한 가지 선택을 강요당한다. 다른 사람을 밟고 혼자 빠져나갈 것인가, 아니면 다른 사람과 함께 헤쳐나갈 것인가.

배신과 헌신의 플롯은 인물 간의 상호신뢰 관계가 반드시 전제되어야 한다. 배신은 같은 곳을 바라보고 함께 협력하던 관계에서 발생한다. 인간사회의 작동 원리가 경쟁인 이상 경쟁상대를 제치고, 밟고 올라가려는 것은 지극히 일상적이다. 적을 꺾기 위해 쓰는 속임수는 능력이지 배신이 아니다.

할레드 호세이니의 소설 『연을 쫓는 아이』에서도 아미르와 하산은 형제와 다름없는 친구 관계다. 한편으로는 주인집의 따뜻한 도련님과 하인집의 충직한 아들로 협력관계를 유지한다. 그러나 도련님 아미르는 아버지에게 인정받고 자신의 비열함을 숨기기 위해서 하인 하산을 버린다. 이처럼 만인이 만인을 상대로 경쟁하는 사회에서 예외적인 신뢰관계로 결속해 있는 동반자를 저버리는 것이 배신이다.

서사 속에서 배신의 플롯이 갖는 힘은 적으로 가득 찬 정글에서 예외적인 신뢰로 결속된 헌신적인 동반자를 자신의 생존을 위해서 위험에 빠뜨리는 지점에서 발생한다. 그 힘의 세기는 배신의 강도, 상호 신뢰와 헌신의 크기에 비례한다. 그러므로 헌신이 없다면 배신도 없다.

또 한 가지 배신과 헌신 플롯의 구조적 특징은 목표의 비동일성과 능력의 불균형을 들 수 있다. 이는 배신과 헌신, 경쟁과 협력 간의 비교를 통해서 살펴볼 수 있다.

우선 경쟁과 협력은 목표에 동일성이 있다. 한 오케스트라에 소속된 첼리스트는 최고의 연주를 하기 위해서 협력을 한다. 그러면서도 다른 첼리스트와 경쟁을 한다. 밤새 연습을 하고 상대방의 부진을 달갑게 여기기도 한다. 그들은 달성하고자 하는 목표가 같기 때문이다.

배신과 헌신의 플롯에서는 목표와 대상이 동일하지 않다. 『연을 쫓는 아이』에서 아미르는 아버지 바바의 인정을 목표로 하고 있지만 하산은 바바의 인정을 목표로 하지 않는다. 하산의 관심 대상은 아미르고 그의 목표는 아미르와 친밀해지는 것이다. 연대회를 같이 나가지만 목표의 층위가 다르고, 관심 대상도 동일하지 않다. 관계의 방향도 일방적이다. 『부활』에서 카츄샤의 관심 대상은 네흘류도프다. 그녀가 얻고자 하는 것은 그의 사랑이다. 그러나 네흘류도프는 아니다. 목표와 관계가 서로 대등하지 않다. 우호관계도 일시적일뿐 지속되지는 않는다.

또한, 경쟁과 협력 관계에서는 능력의 대등성이 존재한다. 한 오케스트라에 소속된 첼리스트가 다른 첼리스트를 경쟁상대로 여기기 위해서는 어느 한 사람의 능력이 압도적이면 안 된다.

배신과 헌신의 플롯에서는 명확한 우열관계가 나타난다. 물론 일시적으로 불균등한 능력을 상쇄할 수 있는 다른 능력이 발휘될 기회는 있다. 연 대회에 나갔을 때 아미르를 이끌어주고, 연을 재빨리 찾아오는 능력이 하산에게 있다. 그리고 조건에서도 불균형을 보인다. 대체로 일 대 다수거나, 약자 대 강자이거나, 우둔한 자 대 영리한 자의 관계가 성립된다.

독자와의 관계에서 살펴보면, 경쟁과 협력 유형 속의 인물은 독자보다 우월하지만 배신과 헌신 유형 속의 인물은 독자보다 우월하지 않다. 『벤허』의 주인공 벤허는 관객보다 우월하다. 그래서 경쟁과 협력 유형의 인물은 독자에게 존경과 경탄의 대상이지만, 배신과 헌신 유형에서는 연민과 동정의 대상이 된다.

배신과 헌신 플롯의 기법

모든 서사예술이 그렇듯 배신과 헌신의 플롯도 인간에 대한 성찰을 담고 있다. 배신을 행한 인물은 필연적으로 배신의 의미를 살피고 신뢰의 파기로 인한 상대의 상처를 이입하는데, 이 과정이 배신과 헌신의 서사에서 중요한 축을 이룬다. 성찰의 결과는 회개에 이르기 마련이다. 자신의 욕망을 위해 상대를 배신했던 인물이 마지막에는 상대를 위해 헌신하게 된다. 배신자가 헌신자의 자리에 서게 되는 아이러니가 대부분의 배신과 헌신 플롯의 주요한 유형이 되는 것은 우연이 아닌 인간에 대한 성찰의 결과다.

배신과 헌신의 유형에서 배신행위는 소설의 결정적인 전환점이 되거나 절정 단계를 완성한다. 톨스토이의 소설 『부활』의 주인공 네흘류도프는 자신의 아이를 임신한 카츄샤를 배신한다. 네흘류도프에게 배신당한 카츄샤는 집에서 쫓겨나 창녀가 되어 인생을 망친다. 살인혐의로 구속된 카츄샤가 네흘류도프를 다시 만난 곳은 재판정이다. 배신자는 배심원으로, 배신당한 여자는 피고인으로 만나는 아이러니가 시작된다. 네플류도프가 이 재판과정을 통해서 가난한 자들의 비참한 삶을 목격하고 자신이 속한 부유층의 위선과 거짓에 대해서 자각하면서 자기의 삶을 깊이 반성한다. 자신의 욕망 때문에 카츄샤를 배신했던 네흘류도프는 카츄샤처럼 가난한 사람들을 위해 헌신하는, 처음과는 반대편의 자리에 서게 된다.

보다 파급이 큰 배신은 자신의 작은 욕망을 채우기 위해 상대에게 치명적인 해를 입히는 것이다. 네흘류도프와 아미르는 절박하지 않은 욕심 때문에 카츄샤와 하산의 삶을 파괴한다. 그러나 네흘류도프와 아미르는 결국 자신이 배신했던 사람의 편으로 자리를 바꿔 서게 되면서 배신과 헌신 플롯의 아이러니를 완성한다.

카비르 칸 감독의 영화《카불 익스프레스》의 주인공인 탈레반 패잔병은 자신들의 이념이 버린 딸을 찾아가 눈물을 흘린다. 그리고 아프가니스탄을 탈출해서 구사일생으로 파키스탄의 국경에 도착했지만 그를 죽이는 것은 적이 아니다. 자신을 아프가니스탄으로 보냈던 조국으로부터 죽임을 당한 것이다.

소설『연을 쫓는 아이』에서 아미르는 하산을 배신한다. 아버지 바바의 신임을 얻고 자신의 비열함을 감추기 위해서, 아미르는 하산의 매트리스 밑에 자신의 시계와 지폐를 집어넣고 바바에게 잃어버렸다고 거짓말을 한 것이다. 하산은 자신의 아버지 알리와 함께 바바 앞에 불려 와 사실 여부를 추궁당한다.

바바가 단도직입적으로 물었다.
"하산, 네가 그 돈을 훔쳤니? 아미르의 시계를 훔쳤니?"
하산이 귀에 거슬리는 희미한 목소리로 한 마디로 대답했다.
"예."
한 대 얻어맞은 것처럼 몸이 휘청거리고 가슴이 쿵하며 내려앉았다.

> 사실을 털어놓으려다가 그것이 나를 위한 하산의 마지막 희생이라는 것을 나는 깨달았다. 만약 하산이 아니오, 라고 대답했다면 바바는 그 말을 믿었을 것이다. 우리 모두 하산이 절대 거짓말을 하지 않는다는 것을 알고 있었다. 바바가 하산의 말을 믿는다면 내가 혐의를 받게 될 것이 분명했다. 그렇게 되면 이유를 설명하는 과정에서 내가 저지른 짓이 드러날 것이다. 바바가 절대 나를 용서하지 않을 것이다. 그리고 하산의 행동을 통해 또 다른 사실을 깨달았다. 하산은 다 알고 있었다. 내가 골목에서 모든 것을 보았다는 것을. 내가 그곳에 서서 아무런 행동도 취하지 않았다는 것을 그는 알고 있었다. 내가 자신을 배신했다는 것을 알면서도 다시 한 번, 어쩌면 마지막으로 나를 구해주고 있었다.
>
> — 할레드 호세이니, 『연을 쫓는 아이』, 열림원, 2008, 160-161쪽.

아미르의 배신은 하산에게 치명적이었다. 그러나 하산의 대응은 헌신이다. 격렬한 대조. 아미르에게 배신당한 하산은 아버지와 함께 집을 떠나야만 했고, 비참한 죽음을 당한다.

서사의 절정은 사건의 크기가 아니라 인물의 마음에서 차지하는 무게감에 의해서 결정된다. 인물의 감정선이 정점에 달하고, 그것이 전체 서사에 미치는 파급이 가장 큰 지점이 절정이라고 할 수 있다.

바바는 도둑질을 시인한 하산에게 "널 용서한다."고 말한다. "도둑질은 용서할 수 없는 죄이자 모든 죄의 공통분모"라고 가르쳤던 바바가 하산을 용서하자 아미르는 경악한다. 그러나 정작 하산과 그의 아버지 알리는 그 용서를 받아들이지 않는다. "우리는 떠날 겁니다. 주인님." 바바는 그들에게 "그러지 말라니까. 내 말 안 들려? 그러지 마!"라고 소리치며 떠나지 말라 간청한다. 그러나 그들의 결심은 단호하다.

"삼가 말씀 드리는데 저희한테 어떤 일도 하지 말라고 명령하지 마세요. 주인님. 이제 우리는 당신을 위해 일하지 않아요."

― 할레드 호세이니, 『연을 쫓는 아이』, 열림원, 2008, 164쪽.

이것이 아미르의 배신에 대한 하산과 알리의 마지막 대답이었다. 여기가 소설의 정점이다. 배신당한 그들은 아미르에게 내려놓을 수 없는 짐을 남기고 떠났다. 이것은 배신과 헌신의 플롯을 진척시켜나가는 서사의 원천이다. 배신자에게 남아 있는 것은 성찰과 회개, 빚 갚기다.

『연을 쫓는 아이』에 쓰인 아이러니는 주변서사에서도 다양하게 나타난다. 이는 작가 할레드 호세이니가 소설 속 라힘 칸의 입을 빌려 이야기한 아이러니의 소설론을 살펴보면 당연한 결과라고 할 수 있다. "너는 정확한 문법과 재미있는 스타일로 이야기를 만들었다. 그러나 네 이야기에서 가장 놀라운 점은 이야기 속에 아이러니가 들어 있다는 것이다. 이 말이 무슨 뜻인지 네가 모를지도 모른다. 그러나 언젠가는 알게 될 것이다." 이 말은 라힘 칸이 아미르의 소설을 읽고 해준 조언이다. 이 소설은 아미르가 책을 읽어주는 척하며 지어내 하산에게 들려준 이야기를 글로 옮긴 것으로, 아미르에겐 생애 첫 소설이었다.

그날 밤 나는 30분에 걸쳐 태어나서 처음으로 단편소설을 썼다. 마법의 잔을 발견한 다음 그 잔에 눈물을 흘리면 눈물이 진주로 변한다는 사실을 알아낸 한 남자에 관한 음울한 이야기였다. 가난했음에도 불구하고 그 남자는 항상 즐겁게 생활을 했기 때문에 눈물을 흘리는 일이 거의 없었다. 그래서 눈물을 흘려 부자가 될 수 있도록 슬퍼지는 방법을 찾아냈다. 진주가 쌓여감에 따라 그의 탐욕도 커져갔다. 산처

> 럼 쌓인 진주 옆에서 사랑하는 아내를 죽인 칼을 손에 든 채. 아내의 시체를 안고 잔에 하염없이 진주 눈물을 흘리고 있는 남자의 모습을 보여주며 이야기는 끝이 났다.
>
> — 할레드 호세이니, 『연을 쫓는 아이』, 열림원, 2008, 50쪽.

 이 소설 속 소설의 아이러니는 한 남자가 진주를 얻기 위해서 아내를 죽이고 눈물을 흘리는 상황에 있다. 여기에는 또 한 가지 아이러니가 감춰져 있다. 아미르가 읽어준 이야기 가운데 하산이 가장 좋아했던 것은 10세기의 고대 페르시아 영웅서사시인 『왕들의 이야기』에 나오는 「로스탐과 소랍」 이야기로, "로스탐이 용맹스러운 적 소랍에게 치명적인 상처를 입혔는데 나중에 알고 보니 소랍이 오래전에 잃어버린 로스탐의 아들이었다는, 그런 내용이었다." 이 줄거리 역시 아이러니인데, 더 큰 아이러니는 아미르에게 눈물 고인 눈으로 한 번만 더 읽어 달라고 간청하던 하산이 뒷날 자기 아들의 이름을 소랍으로 지었다는 사실이다.

 바바는 "세상에 죄는 딱 한가지밖에 없다. 다른 모든 죄는 도둑질의 변형일 뿐이다."라고 단언했다. 그래서 거짓말은 다른 사람의 진실을 알아야 할 권리를 훔치는 것이라고 했다. 그러나 하산이 자신의 아들이라는 사실을 감춘 것은 바로 바바였다. 이 역시 아이러니다.

그리고 아미르는 "도련님을 위해서는 천만번이라도 그렇게 하겠어요."라며 헌신적으로 따르던 하산을 배신했다. 모략으로 그를 내쫓고 그의 인생을 파괴했다. 그런 아미르가 하산의 아들 소랍에게 하산이 했던 말을 똑같이 반복한다. "너를 위해서라면 천만 번이라도 그렇게 하마." 그렇게 이 소설의 아이러니는 완성된다.

버림과 도전 플롯

버림과 도전 플롯의 개요

버림과 도전의 플롯은 주인공이 어떤 대상을 찾아가는 과정을 통해 서사를 이끌어나가는 방법론이다. 여기서 탐색의 대상은 자신의 존재와 인생 전체를 걸 만한 가치를 지녀야 한다. 이 서사 유형은 소설이나 영화뿐 아니라, 게임 콘텐츠 등에서도 다양하게 변주되어 사용된다.

신화를 비롯한 근대 이전의 서사에서는 영웅이 등장하는 모험서사가 대부분이다. 수긍할 수 없는 현실세계를 벗어나서 자신의 뿌리나 이상적인 세계를 찾아 떠나는 모험서사는 버림과 도전 서사의 한 유형이라고 할 수 있다. 그러나 버림과 도전의 서사와 모험서사 사이에는 커다란 차이점이 있다. 물론, 과정이 목표보다 중요하다는 점에서 버림과 도전 서사와 모험서사는 동일하다. 하지만 모험서사는 모험을 떠나는 행위와 모험 그 자체가 중요할 뿐, 모험을 통해서 획득하는 것은 목표가 되지 않는다.

반면, 버림과 도전 서사에서는 도전과 그 과정 자체가 서사의 목적이다.

버림과 도전 서사와 모험 서사의 다른 차이점은 모험 혹은 도전의 파급력이다. 모험의 경우, 모험의 실패로 인한 파급은 미약하다. 주인공은 모험에 모든 것을 걸지 않는다. 그것이 자신에게 큰 가치를 지니고 있을지라도 개인이나 주변에 그리 치명적인 결과를 야기하진 않는다. 하지만 도전서사의 주인공은 자신의 인생 전부와 자신의 안녕보다 더 중요한 것마저 모두 다 걸고, 버리고, 도전을 한다. 한마디로 풀배팅을 하는 것이다. 그 결과, 도전의 대상 자체가 유일한 목표로 전개된다. 모든 걸 버린 주인공에게는 물러날 곳이 없다. 모든 걸 잃지 않으려고, 도전의 대상을 반드시 얻으려고, 주인공은 도전에 모든 걸 던진다. 즉, 버림과 도전은 운명을 건 플롯이다. 그래서 버림과 도전 서사는 모험 서사에 비해 심리변화의 폭이 훨씬 크다. 도전에 나서는 주인공은 자신의 모든 것을 자발적으로 버린 게 아닐 수도 있다. 타인이나 상황이 버림을 강제했을 수도 있고 도리어 삶의 터전으로부터 버려져서 도전했을 수도 있다. 이러한 절박한 상황이 주인공에게 영웅적 인간 혹은 비루한 인간으로 변화하도록 강요하는 것이다.

또 하나 버림과 도전 유형에 속하는 것으로는 여행서사가 있다. 더 이상 모험할 수 있는 미개척지가 남아있지 않은 현대에는 모험서사의 빈자리를 여행서사가 대체하는 추세다. 이는 로드로 망이라는 장르로 분류되어 전체 서사 가운데 상당한 부분을 차지한다. 하지만 목표를 실현하기 위해서 도전서사의 주인공은 자신의 모든 걸 걸고, 모험서사의 주인공은 자신의 일부만 걸 때, 여행서사의 주인공은 자신의 아무 것도 걸지 않는다.

이 버림과 도전 플롯을 차용한 작품으로는 미구엘 드 세르반테스의 『돈키호테』, 존 스타인벡의 『분노의 포도』, 레프 니콜라예비치 톨스토이의 『부활』, 어니스트 헤밍웨이의 『노인과 바다』, 파울로 코엘료의 『연금술사』, 황석영의 『바리데기』, 김영하의 『검은꽃』 등이 있다. 영화로는 피터 잭슨 감독의 《반지의 제왕》 시리즈, 《에일리언》 시리즈, 강우석 감독의 《실미도》 등이 있다.

버림과 도전 플롯의 구조

버림과 도전의 플롯에 등장하는 주요 인물은 이상을 획득하고자 하는 욕망이 대단히 강하다. 이상을 추구하는 과정에서 주인공은 자신이 가진 모든 것을 버린다. 심지어 목숨마저 거리낌 없이 내건 채 도전을 할 만큼 강인한 의지를 지니고 있다. 이런 인물은 영웅적이거나 혹은 도전을 통해서 영웅적인 면모를 획득할 수 있다. 그래서 버림과 도전 서사는 이상에 대해 강한 욕망을 지닌 주인공이 목숨을 내걸거나 그에 상응하는 모든 것을 버릴 만큼 강한 의지로 도전에 나서, 원래의 영웅적인 면모를 드러내거나 도전하는 과정에서 영웅적인 면모를 획득하는 서사라고 할 수 있다.

  이 서사의 공간적 배경은 모순이 큰 사회라고 말할 수 있다. 주인공이 처한 현실과 이상 간의 거리가 매우 동떨어져 있기 때문에 주인공은 수긍할 수 없는 현실을 거부하고 이상을 획득하기 위해 도전한다. 이 과정 속에서 현실적 자아와 이성적 자아가 충돌하게 된다. 그래서 현실과 이상 간의 거리가 멀면 멀수록 버림과 도전의 서사의 긴장감은 높아진다. 그리고 독자에게 주는 파급도 더욱 커진다.

  버림과 도전 서사의 대부분은 이상적 자아를 추구해가는 과정에 할애된다. 고통스러운 도전을 이어가면서 주인공은 인생의 가치에 대해서 끝없이 고민한다. 자신이 현실에서 팽개쳐버린 것이 더 가치 있는지 혹은 이상적인 세계에서 쟁취할 것이 더 가치가 있는지 갈등하는 것이다. 더 나아가 도전의 가치와 자기 존재의 가치조차 의문시한다. 이와 같이 내적 갈등의 진폭은 격렬하지만, 외형적으로는 인물의 변화가 의외로 잘 드러나지 않는다. 주인공은 이미 강한 동기를 내면화하여 모든 것을 내건 채 도전에 뛰어들었기 때문이다. 목표를 잃어버리면 모든 것을 잃는다, 포기는 죽음이다, 바로 이것이 버림과 도전 플롯의 인물이 지닌 신조다.

```
출발지점 ──────────→ 목적지점

                      제3의 지점
```

 버림과 도전 플롯 속 인물은 출발지점에서 목적지점으로 향한다. 이는 서사의 시작, 끝과 일치한다. 출발지점에서 주인공은 어떤 동기에 의해서 자신이 가진 모든 것을 버리고 목적지점으로 향한다. 여기서 주인공은 안정과 이상 사이에서 심각하게 갈등하지만 모순적인 현실은 결국 도전이 불가피하다는 사실을 점점 더 확실하게 드러낸다. 목적지점으로 이동하는 동안 주인공은 많은 장애물과 마주친다. 장애물은 목적지점에 가까워질수록 더 강대해지고, 주인공은 혼자 힘으로 극복할 수 없는 상황을 맞는다. 이때 조력자가 등장하여 함께 장애물을 제거하고 도전을 이어나간다. 그리고 최종적인 장애물과 맞닥뜨린 주인공은 극복하거나 좌절을 겪으며 어떤 지점에 도달하게 된다.
 결말은 주인공이 도착한 지점의 성격에 따라 세 가지로 나눌 수 있다. 첫 번째는 주인공이 출발지점으로 회귀한 결말, 두 번째는 주인공이 예외적으로 목적지점에 이르고 이상에 도달하는 결말, 세 번째는 애초에 고려하지 않았던 아예 다른 제3의 지점에 도달하고 그 곳에 정착하는 결말이다. 주인공이 제3의 지점에 떨어진 경우, 주인공은 모든 것을 버리고 떠나온 출발지점보다 더 고통스러운 현실에 처하게 된다.

주인공이 추구했던 목적지점에 안착하여 목표를 획득하는 것은 시련의 강도가 아무리 대단하더라도 실현되기 어렵다. 이상은 우리가 사고할 수 있는 범위 안에서 가장 완전하다고 여겨지는 상태를 말한다. 이를 획득하겠다는 도전은 당연히 달성의 가능성이 불투명하고 희박하다. 반면, 주인공이 버린 것은 매우 명확하고 현실적이며 구체적이다. 이렇게 가시적인 것을 모두 버리고 추상적이며 쟁취 가능성이 희박한 것을 추구하는 주인공은 내면의 갈등과 외부의 방해를 끊임없이 겪는다. 이러한 고민, 갈등, 시련, 좌절, 성취의 서사가 버림과 도전의 서사라고 할 수 있다.

존 스타인벡의 소설 『분노의 포도』에 등장하는 조드 일가는 가뭄과 모래바람 탓에 폐허가 된 토지를 버리고 일자리를 찾아 캘리포니아로 향한다. '캘리포니아엔 일자리가 얼마든지 있다'는 전단 한 장에 모든 것을 건 채, 낡은 자동차를 타고 산맥과 사막을 가로질러 수 천 마일을 달려간다. 도중에 조부모를 차례로 잃지만 매장도 못 하고 시신을 차에 실은 채 서쪽으로 향한다.

하지만 캘리포니아는 이기적인 대자본가의 땅이었다. 각지에서 모여든 25만 명의 농민들은 농장주의 착취로 비참한 생활을 하고 있었다. 온종일 쉬지 않고 일해도 간신히 한 끼를 해결할 수 있는 임금. 조드 일가는 굶주리면서 이주민 캠프를 전전할 수밖에 없었다. 이런 상황에서 탐스럽게 익어가는 농장의 포도는 오히려 분노의 포도라고 부를 만했다.

급기야 농민들은 임금인상을 주장하며 파업을 시작한다. 농장주들은 농민들을 진압하기 위해서 폭력단을 끌어들인다. 폭력단은 농민들을 제압하는 과정에서 목사 짐 케이시를 곤봉으로 살해한다. 그 참상을 목격한 차남 톰 조드는 분노를 참지 못하고 상대를 때려죽인다. 조드 일가는 경찰의 추격을 피해 목적지 없는 노정을 떠난다. 간신히 정착해서 목화 따는 일을 시작하지만, 사흘 동안 내린 비 때문에 집과 일자리를 모두 잃는다. 조드 일가는 비를 피해 언덕 위의 헛간으로 간다. 그곳에는 엿새를 굶은 노동자 사내와 그 아들이 있었다. 음식을 아들에게만 먹여온 사내는 굶주려 죽어가고 있었다.

그녀는 천천히 구석으로 가서 남자의 쇠잔한 얼굴을 내려다보며 겁에 질려 크게 뜨고 있는 그 눈을 들여다보았다. 그리고 천천히 그 옆에 누웠다. 남자가 느릿느릿 고개를 저었다. 샤론의 로즈는 이불 한쪽을 열고 자신의 가슴을 드러냈다.

"드셔야 해요."

그녀가 말했다. 그리고 몸을 움직여 가까이 다가가서 그의 머리를 끌어당겼다.

"자!"

그녀가 말했다.

"자요."

그녀의 손이 그의 머리 뒤로 돌아가서 머리를 받쳤다. 그녀의 손가락은 그의 머리카락을 부드럽게 쓸어 주었다. 그녀는 시선을 들어 건너편 벽을 바라보았다. 그녀의 입술이 한데 모이더니 알 수 없는 미소를 지었다.

— 존 스타인벡, 『분노의 포도』 2권, 민음사, 2010, 473쪽.

굶주림과 피로로 아이를 사산한 톰 조드의 딸 로저샨은 아사 직전의 사내에게 다가가 자신의 젖을 물린다. 그리고 오랫동안 잊어버렸던 미소를 짓는다.

버림과 도전 플롯의 유의사항

버림과 도전 플롯의 길은 좁다. 이 유형은 이분법과 흑백논리가 지배한다. 선과 악이 분명하고 피아(彼我)가 분명하고 아타(我他)도 분명하다. 이상과 현실에 대한 비교와 반추도 계속해서 일어날 수밖에 없다. 버린 것과 획득할 것의 대비도 끝없이 등장한다.

버림과 도전 플롯의 길에는 갈림길이 많지 않다. 이 유형 속 인물에게는 선택의 여지가 없다. 모든 것을 버렸고, 떠났고, 돌아갈 수 없다. 주인공은 자신에게 유일하게 남겨진 의지를 단단히 품고 앞으로 나아가는 것 외엔 할 수 있는 일이 없다. 그래서 자칫 계몽적 서사나 초월적 서사로 전락하기 쉽다.

독자나 관객을 가르치거나 훈계하는 일은 서사예술의 본령이 아니다. 계몽은 교실과 예배당을 벗어나는 순간 힘을 잃고 만다. 서사예술은 현실적 좌절을 초월로써 탈출해서도 안 된다. 초월은 절에서 한 걸음만 벗어나면 길을 잃고 만다. 서사예술은 현실과 치열하게 대결해나가는 과정을 통해서 인생을 놓아보게 만들어야 한다.

계몽이나 초월의 위험을 피하기 위해서는 인물의 내적 변화를 설득력 있게 드러내는 것이 필수적이다. 가장 먼저 인물에게 강력한 도전의 동기가 필요하다. 자신의 인생 전부를 걸고 도전한다는 것은 결코 경솔하게 결정할 만한 일이 아니다.

  두 번째로, 상징적인 장애물을 고안해야 한다. 주인공의 도전을 방해하는 장애물은 단순히 힘센 무엇이 아니다. 장애물은 인물의 변화, 도전의 가치, 그 과정의 의미를 보여줄 수 있어야 한다.

  세 번째로, 상징적인 조력자를 창조해야 한다. 주인공을 돕는 조력자는 단순히 같은 편의 힘이 증가함을 의미하지 않는다. 조력자의 가장 중요한 역할은 주인공이 추구하는 가치의 정당성에 대한 제3자의 보증행위다.

  네 번째로, 인물의 내적 변화를 극적으로 나타내야 한다. 인물은 괴로운 노정에서 변화하고 깨달음 얻으며 점점 성숙한다. 하지만 이 서사유형은 외형적인 변화를 통해 인물의 성장 정도를 제시하기 어렵다. 그러므로 내면의 격렬한 변화를 설득력 있게 보여줘야 한다.

비루와 숭고 플롯

비루와 숭고 플롯의 개요

비루와 숭고 플롯은 비극 속에서 숭고한 희망을 발견하는 서사 유형이다. 처참하고 비루한 상황 속에서 명징하게 드러나는 삶의 비극을 보여줌으로써 인생의 본질과 세상의 질서가 어떻게 작동하는지를 드러내는 것이다. 그리고 '산다는 것은 어떤 것인가?', '우리는 어떤 세상에 살고 있는가?', '나는 누구인가?'와 같이 존재에 대한 본질적인 질문을 던지기 위한 형식이다.

인도를 여행한 많은 사람은 깊은 충격을 받는다. 특히 갠지스 강에서 며칠을 보낸 사람들은 더욱 그렇다. 강가의 노천 화장터에선 24시간 주검을 불태우는 불꽃이 솟아오른다. 그 곁에는 죽음이 임박한 사람들이 '신성한' 갠지스 강물에 주검을 씻고 불태워질 날을 기다리고 있다. 천에 싸인 주검들은 '오염된' 갠지스 강에 푹 담가졌다가 화목 사이에 올려진다. 앞사람을 태우고 남은 장작이 불쏘시개가 되어 그를 태운다. 그렇게 스무 구의 주검이 동시에 불타는 사이로 노인과 어른, 개와 소, 그리고 어린 아이들이 아무렇지도 않게 오간다. 시체를 담갔다 꺼낸 지 1분도 지나지 않아 바로 그 자리에 들어가 온몸을 담근 채 세수를 하고, 그 물을 입 안 가득 머금었다가 뿜어내며 가글하는 사람들도 있다. 바로 이런 인도가, 갠지스 강가의 풍경이 보여주는 서사가 비루와 숭고다. 산다는 것은 무엇인가?

숭고(hypsous)라는 말은 그리스어에서 유래한 개념으로, '격정적으로 솟아오르는 영혼의 고양'이란 의미를 지니고 있다. 그래서 숭고는 카타르시스나 영감, 신성과 같은 어휘와 관련을 맺고 있다. 중세 유럽에서는 숭고라는 개념이 두 가지 미학적인 용어로 사용되었다. 하나는 인간의 마음을 사로잡아서 비교할 수 없이 위대한 존재로 향하게 만드는 것. 다른 하나는 인간의 능력을 넘어서는 거대한 힘, 어떤 형식으로도 담아낼 수 없는 초질서 등을 가리킨다.

독일의 계몽주의 철학자 칸트는 숭고의 개념을 미(美)와 구별하여 설명했다. 저서 『미와 숭고』에 따르면, 미는 인간을 매혹시키고 숭고는 인간을 감동시킨다. 즉, 미가 아름다운 질서들을 통해서 인간을 매혹시키는 거라면 숭고는 미학적 형식의 체계를 넘어 더욱 본질적인 존재 자체의 문제에 육박하는 형식을 말한다. 이는 숭고가 형식적으로 잘 짜인 미학적 질서의 범주를 초월하는 곳에 존재한다는 의미다. 그래서 숭고는 플롯 위의 플롯이라고 말할 수 있다.

이미 논의한 대로, 플롯은 이야기를 질서화하는, 서사의 보이지 않는, 내적 형식이다. 그래서 작가는 보이지 않는 질서를 통해, 이야기를 재구축하고 담론을 생산한다.

하지만 플롯 위의 플롯, 미적 형식을 넘어서는 형식, 인간의 본질에 육박하는 본질로서의 숭고는, 단순한 이야기의 재구축만으로 발견할 수 없다. 인간과 삶의 본질은 그리 간단히 모습을 드러내지 않는다. 어제를 살았기 때문에 오늘도 살아가는 것으로는, 관성과 타성에 젖은 상태로는 인생에 관해 아무 말도 할 수 없다. 관성적으로 살아가는 삶을 지연시키고 멈춰 세워, 삶의 내부를 검문하고 인생의 본질을 묻는 과정이 필요하다.

미하일 바흐찐은 플롯을 "스토리의 전개를 이탈시키고 또는 제동을 걸어 지연시키고 우회시켜나가는 비뚤어진 길"이라고 정의 내렸다. 이는 관성적으로 흘러가는 이야기를 늦추거나 멈춰 세워 순조로운 길에서 벗어나도록 하는 게 플롯이라는 말이다. 그래서 숭고함을 발견하려는 작가는 이야기를 이탈시키거나 제동을 거는 과정을 통해 보이지 않는 질서를 재구축하고 담론을 생산해야 하는 것이다.

물론, 플롯이란 원래 자연스러운 이야기의 흐름을 방해하는 형식이기도 하다. 모든 작가들은 그 필연적인 방해를 통해서 관계와 인생에 대해 질문한다. 하지만 숭고의 플롯은 인간의 본질, 인간이 살아가는 질서 등 더욱 본질적이고 초월적인 것에 대해 질문한다. 그래서 비루와 숭고 플롯은 소설의 본질적 의미에 가장 가까운 플롯이자 가장 도달하기 어려운 플롯이라고 할 수 있다.

비루와 숭고 플롯의 구조

우리의 삶은 너절하다. 우리가 발 딛고 사는 세상도 한 없이 비속하다. 그럼에도 삶의 비루함과 세상의 불미함을 총체적으로 인지하여, 한 편의 서사로 압축해 독자에게 보여주는 것은 어려운 일이다. 어떤 경우에는 전 인생을 내걸고 집요하게 추적해야 그 본질에 근접할 수 있다. 이런 어려움에도 불구하고 잔혹한 세계에서 비루한 삶을 이어갈 수밖에 없는 인간의 비극적인 운명을 적절히 다룰 때, 독자나 관객은 매혹을 넘어서는 숭고함을 경험하게 된다.

비루와 숭고 플롯의 감동은 비극적인 플롯에서 비롯된다. 비극적인 플롯이란, 시작도 불행하고 중간도 불행하고 마지막은 더 불행한 것을 말한다. 하지만 희망은 비루함 속에서 더 힘차게 생동한다. 시궁창 속에서 핀 연꽃이 더욱 진귀한 것처럼 비루함 속에서 핀 희망은 더없이 숭고하다.

로힌턴 미스트리의 소설 『적절한 균형』에 등장하는 옴프라카시와 이시바는 인도의 불가촉천민으로, 출생부터 줄곧 불행하다. 그들의 삶에서 비극을 제외한다면 아무것도 남지 않을 만큼 불행하다. 그래도 늘 자신의 삶이 더 나아지리라 믿고 고민하지만 조금도 개선되지 않는다. 오히려 애를 쓰면 쓸수록 상황은 더 악화된다. 불가촉천민에서 벗어나 재봉사를 해보려고 발버둥 치던 주인공은 정부의 출산 억제 정책에 의해 거세당한다. 이는 미래로까지 깃든 비극이다. 본인들의 파멸을 넘어 다음 세대마저 절멸한 것이다.

이 소설은 인간 불행의 정점을 보여주는 비극적인 서사다. 불행하게 태어나고 더 불행하게 살아가고 가장 불행한 인간으로 완성된다. 내가 잘못을 저지르거나 게을러서가 아니다. 그들의 불행에는 이유가 없다. 두 시간만 자며 일한다 하더라도 운명은 여전하다. 개선의 몸부림은 어차피 몸부림일 뿐이다. 나의 의지와 인생은 더 이상 내 것이 아니다.

인간에게 가장 커다란 불행은 자신의 의지가 무용해질 때다. 내가 어떤 결심을 하고 어떤 노력을 해도 주어진 운명을 바꿀 수 없을 때, 인간은 절망한다. 자신의 불행한 운명에 개입할 수 없는 인간보다 더 비극적인 인간이 과연 있을까. 『적절한 균형』의 비극 역시 인물들이 자신의 운명에 개입할 수 없다는 점에서 비롯된다. 운명이 짐 지운 바에 따라, 아무런 잘못도 없이, 의지와 무관하게 불행해지는 것이다.

이렇게 비루와 숭고 플롯은 가장 비극적인 플롯이고, 진정으로 비극적인 플롯은 플롯 없는 플롯이라고 할 수 있다. 진정한 비극은 모든 행위가 인과를 넘어서는 운명적 비극에 지배되기 때문이다. 그리고 미학적인 형식을 넘어서는 형식, 즉 삶의 본질에 육박하는 것이기 때문이다.

　비루와 숭고 플롯의 전개 과정은 크게 세 단계로 나눌 수 있다. 첫 번째 단계는 일상의 상태, 균형의 상태라고 할 수 있다. 여기서는 아직 파괴되지 않은, 파괴되기 이전의 일상이 그려진다. 하지만 이 일상 역시 평범한 사람이라면 만족하고 안주할 만한 상황이 아니다. 오히려 비참한 상황이 평온한 일상인 듯 전개되고 이 와중에 소박한 희망이 삶의 균형을 맞추고 있다. 『적절한 균형』에서 옴프라카시의 아버지와 할아버지는 카스트 제도 아래에서 비참하게 살아간다. 그럼에도 아직 희망은 있다.

　두 번째 단계에선 어떤 외적 충격이나 시도에 의해서 일상이 일그러지고 파괴되는 과정이 전개된다. 그래서 국면이 급격하게 전환되는 시기로 볼 수 있다. 다시 『적절한 균형』의 예를 들면, 한 가족이 투표권을 행사하려다가 몰살당하는 장면을 꼽을 수 있다. 주인공은 카스트제도의 굴레로부터 벗어나려고 시도하지만 견고하고 비속한 현실과 충돌하여 더 깊은 불행에 잠식당한다. 이처럼 비루와 숭고 플롯에서는 인물의 내·외적 변화나 사회의 변화가 결코 더 나은 상황을 야기하지 않는다. 불행만 더욱 깊어질 뿐이다.

　세 번째 단계에서는 아무 것도 선택할 수 없는 최악의 상황으로 인물이 내몰린다. 우회할 수 없는 운명의 벽을 마주하고 자신의 무력함을 절실히 깨닫는 것이다. 『적절한 균형』에서 옴프라카시 가족은 대대로 가죽을 손질해 살면서 그리 대단치 않은 변화를 희망했다. 하지만 결과는 가족의 몰살과 본인의 거세였다. 인구감소정책에 따른 정관 절제 수술은 유전자의 절멸이라고 할 수 있다. 그는 가능성의 가족마저 철저하게 잃은 것이다. 희망을 가진 죄에 대한 징벌치고는 너무나 참혹하다. 이렇게 처음에는 불행하고, 두 번째는 더 불행하고, 마지막에는 최악으로 가는 것이 비루와 숭고의 플롯이다.

　이러한 구조는 응웬뜨옥의 『끝없는 벌판』에서도 여실히 드러난다. 메콩 강을 떠돌며 오리를 치는 일가족은 아무것도 가진 게 없다. 유일한 희망은 가족뿐인데, 엄마가 떠나버리면서 가족도 서서히 파괴된다. 아버지는 폐인이 되어 집에 불을 지르고 남매를 매일 폭행한다. 뒤늦게 아버지가 안정적인 가정을 꾸려보려 하지만 주인공이 마을 사내들에게 윤간을 당하면서 불행은 더 깊어진다. 그리고 주인공은 원치 않는 임신을 하게 된다. 이렇게 극단적인 상황에 내몰리기까지 인물은 어떤 선택도 할 수 없다. 오직, 운명 앞에선 개인의 무력함만 절실하게 느낄 뿐이다.

비루와 숭고 플롯의 유의사항

이미 설명한 대로, 비루와 숭고 플롯은 가장 쓰기 어렵고 가장 등위가 높은 서사유형이다. 로힌턴 미스트리의 소설을 소설가나 드라마 작가, 영화감독이 한결같이 최고로 꼽는 이유는 그가 도달한 세계가 비루와 숭고플롯을 활용한 서사예술이 도달할 수 있는 최고의 심급이기 때문이다. 『적절한 균형』과 같은 소설은 적당한 문학 공부로 쓸 수 있는 경지가 결코 아니다. 이 같은 작품을 창작하기 위해서는 작가에게 두 가지 특별한 능력이 요구된다.

첫 번째로, 직관력과 통찰력이 있어야 한다. 창작자가 인생의 본질을 읽어내고 해석할 수 없다면, 이 세상이 작동하는 원리를 통찰하고 그것의 파급효과를 직관할 수 없다면, 이 플롯은 재빨리 포기하는 게 좋다. 세상의 제도와 질서가 개인의 삶에 간섭하고 개입하여 그 인생을 어떻게 유린하고 파괴하는지 읽어낼 수 없는 작가라면 숭고한 비극을 결코 창조할 수 없다.

두 번째는, 특수한 상황을 보편적 가치로 환원할 수 있어야 한다. 비루와 숭고 플롯을 따르는 작품 안에는 특정한 시기의 특수한 상황과 그 상황에 내던져진 인물이 등장한다. 이 특수한 상황을 인간의 보편적인 가치문제로 연결하기 위해서는 뛰어난 역량이 필요하다. 이러한 유형의 고전으로는 셰익스피어의 『오셀로』

를 떠올릴 수 있다. 이 작품의 배경이 되는 시기, 조건, 상황은 현재와 너무나 동떨어져 있다. 그럼에도 의심과 믿음에 의해 형편없이 무너지는 인간의 모습은 여전히 우리를 숙연하게 만든다.

창작자가 이러한 능력을 모두 갖추었다 하더라도 비루와 숭고 플롯을 활용한 작품을 간단히 쓸수 있는 것은 아니다. 이 유형의 작품을 창작하는 과정에서 창작자의 감정에 유의해야 한다.

창작자는 자신의 감정을 완벽하게 억제해야 한다. 비루와 숭고의 서사 속에 던져진 인물은 이미 불행하다. 이 불행을 작가가 독자나 관객보다 앞서 체험해선 안 된다. 불행과 비극은 독자와 관객의 몫이므로, 작가의 앞선 감정으로 훼손해선 안 된다. 미화 또한 자제해야 한다. 불편한 진실은 독자와 관객에게 불편한 채로 가 닿아 온전히 감수하게 만들어야 한다.

그 외에도 비루와 숭고 플롯의 작품을 창작하면서 꼭 지켜야 할 규칙 세 가지가 있다.

첫째, 정보를 충분히 제공해야 한다. 독자나 관객들은 의심이 많다. 이 인물이 정말 불쌍한가, 나쁜 인물은 아닐까, 나를 속이고 있는 것은 아닐까, 하는 의심을 품게 해서는 안 된다. 일체의 의심도 하지 않고 극 중 인물을 동정하고 연민하도록 인물에 대한 정보를 최대한 제공해야 한다.

둘째, 서사의 핍진성을 획득해야 한다. 드라마에서는 개연성의 문제라고 할 수 있는데, 이는 서사가 현실화될 수 있는 가능성을 뜻한다. 자신의 서사를 독자나 관객에게 있을 법한 이야기로 믿게끔 하려면 논리적으로 정당성을 증명해야 한다. 그리고 의심할 수 없을 정도의 실감도 보여주어야 한다. 강력한 실감이 확보되지 않은 비극은 성공할 수 없다. 극구 외면하고 싶지만 결국 인정할 수밖에 없는 세부를 제시해야만 숭고함이 모습을 드러낸다. 이는 창작자가 비루와 얼마나 가까이 있느냐에 따라서 결정된다. 세계적인 전쟁 사진작가 로버트 카파는 베트남 전쟁에서 총을 맞는 순간의 병사를 포착한 사진으로 전세계 사람들에게 충격을 안겨줬다. 그는 기자들에게 이런 말을 했다.

"당신이 찍은 사진에 실감이 없다면 피사체로부터 너무 멀리 있었기 때문이다."

이는 서사작품에도 그대로 적용된다. 창작자가 작품에서 다루고 있는 인물과 세계에 얼마나 육박했었는가가 실감과 핍진성을 좌우한다.

셋째, 비극을 감당할 만한 인물이 필요하다. 비루와 숭고 플롯은 불행으로 시작해서 비극으로 끝난다. 다른 유형의 작품들이 사건의 흐름과 반전으로 독자나 관객의 관심을 끈다면, 이 유형에서는 인물의 불행이 서사를 압도한다. 즉, 사건을 앞세우지 않고 사건을 중심에 두지 않는다. 그래서 사건의 구성보다 사건을 견디는 인물이 더욱 중요하다. 주인공은 어떤 상황에서도 희망을 품을 만큼 긍정적이고, 서사를 이끌어 갈만큼 강인하고, 독자가 비현실적으로 여기지 않을 만큼 설득력을 지녀야 한다. 정지영 감독의 영화 《남영동 1985》를 감당하는 핵심은 김근태란 주인공의 삶에 대한 긍정성과 놀라운 강인함이다. 마네킹이나 종이공주와 같은 인물을 가지고는 절대 비루와 숭고 플롯을 감당할 수 없다.

여기서 비루와 숭고 플롯의 인물을 살펴보면, 두 가지 특징이 나타난다. 우선, 자력으로 사태의 흐름을 바꿀만한 능력이 거의 없다. 어떤 유형에서는 반드시 뛰어난 주인공이 등장해야 한다. 그러나 비루와 숭고 플롯에서는 반대다. 엄청난 의지를 갖고 부조리에 저항하더라도 달라지는 것은 없다. 오히려 비극의 수렁에 더 깊이 가라앉을 뿐이다. 소설 『적절한 균형』의 옴프라카시가 발버둥 친 결과는 거세고, 영화 《남영동 1985》의 주인공이 저항한 결과는 더 가혹한 고문이다. 두 번째 특징으로는 독자나 관객이 용인할 수 없는 잘못을 저질러서는 안 된다. 그럴 경우, 독자나 관객이 인물을 마음 놓고 동정하거나 연민할 수 없기 때문이다. 상황과 사건에 치여 불행이 점점 고조되고 비극적인 상황에 놓일지라도 인물의 행동은 독자나 관객이 용인할 수 있는 범위를 넘어서면 안 된다.

『전쟁의 슬픔』을 쓴 작가 바오 닌은 육 년 동안이나 전쟁터에서 산 사람이다. 시체 속에서 산 사람이다. 열일곱 살 때 전쟁터에 나갔고, 입대한 지 넉 달 만에 부대원이 모두 죽어 소대장이 되었다. 그는 "인간은 전쟁을 하루라도 치르고 나면 절대 그 이전의 자신으로 돌아갈 수 없다."고 말했다. 우리 곁에도 죽음이 머무르고 있지만 이토록 처참한 죽음은 알지 못한다. 자연사가 아닌, 교통사고나 살인사건으로 인한 누군가의 잔혹한 죽음을 직접 목격한 사람은 드물다. 그런 죽음을 단 한 번이라도 목도한다면 누구라도 그 끔찍한 인상으로부터 벗어나기는 어려울 것이다.

하지만 바오 닌은 들판에 가득 쌓인 시체를 본 사람이다. 전투를 마치고 고개를 들었을 때, 주변에는 온통 죽은 사람뿐이었다. 온갖 형태로 죽어 있는 아군과 적군 한가운데 그는 살아있었다. 그리고 그는 더 이상 과거의 그일 수가 없었다. 나는 그에게 물은 적이 있다.

"베트남과 미국이 싸운 이 전쟁에서 누가 이겼나?"

그는 조금도 망설이지 않고 대답했다.

"승자는 아무도 없었다. 그러나 분명한 것은, 병사들만 패배했다는 사실이다."

모든 전쟁의 승리자는 지배자와 집권자들이다. 반면, 전쟁으로 희생당하는 이는 아군과 적군을 가리지 않고 사회의 피지배자들, 약자들, 병사들이었다. 이러한 전쟁의 본질을 폭로한 그의 작품 『전쟁의 슬픔』은 전세계 독자의 찬사에도 불구하고 베트남에서는 판매금지를 당해야 했다.

특수한 상황 속에서도 삶의 진실을 읽어낼 줄 아는 작가만 비극적 서사를 창조할 수 있다. 『적절한 균형』은 인도 계엄령이 발효된 특수한 시기와 특수한 상황 속 이야기이다. 하지만 오늘의 독자들도 이 작품을 읽고 삶을 지탱해줄 희망을 발견한다. 이렇게 인간 삶의 보편적 진리와 진실을 끄집어내어 보편적 가치로 전환할 능력을 지닌 작가가 아니면 완성할 수 없는 유형이 비루와 숭고의 플롯이라 할 수 있다.

성장과 고백 플롯

성장과 고백 플롯의 개요

성장과 고백 플롯은 주인공이 세계나 타자와 갈등을 겪으면서 내적으로 성장하는 과정을 보여주는 서사유형이다. 이 서사유형과 관련된 문학용어로는 성장소설, 교양소설, 자전소설, 고백소설 등이 있다.

성장소설은 미성숙한 인간이 성숙한 인간으로 변해가는 과정을 다룬 소설이다. 그래서 성장소설의 주인공은 자신의 편협한 잣대로 세상을 판단하는 유년기 인물이나 세상에 막 눈떠가는 청소년기의 인물, 세상으로부터 고립된 순수한 인물인 경우가 많다. 이러한 인물이 세상에 발을 내딛고 타인과 관계를 맺기 시작하면서 겪는 어려움과 갈등이 성장소설의 핵심을 이룬다.

타자와 관계를 맺는다는 것은 자기와 다른 정서, 다른 생각, 다른 행동양식과 충돌한다는 것을 의미한다. 미성숙한 인간은 타자에게 인정받고자 하는 욕구에 비해 타자들로 이루어진 세계에 대한 이해수준이 낮기 마련이다. 이로 인해 주인공은 자기 욕망과 객관적인 현실 사이에 놓여있는 깊은 심연을 발견하고 좌절하기도 한다. 자신과 충돌하는 타자의 의지와 행위를 거울로 삼아 자기를 인식하며 자아를 재정립해나가는 것도 바로 이 시기다. 이러한 혼란스러운 시기의 주인공을 내세워 내면적 성숙의 과정을 보여주는 것이 성장소설이다. 한편, 독일을 비롯한 서구에서는 이러한 성숙의 과정을 교양인이 되는 통과의례로 여겨 성장소설이라는 용어 대신 교양소설이라는 용어를 사용한다.

성장소설, 또는 교양소설의 특징을 가장 명확하게 보여주는 작품은 독일작가 헤르만 헤세의 『데미안』이다. '에밀 싱클레어의 젊은 시절의 이야기'라는 부제에서도 알 수 있듯이 이 작품에는 미성숙한 인물의 성장과정이 잘 드러나 있다.

> 새는 알을 깨고 나오려고 싸운다. 알은 세계이다. 태어나려는 자는 하나의 세계를 파괴해야 한다.
>
> — 헤르만 헤세, 『데미안』, 현대문학, 2013, 129쪽.

알에서 벗어나 새롭게 탄생하기 위한 새의 절박한 투쟁. 이처럼 미성숙한 개체가 독립된 자아를 쟁취하기 위해서 안락한 알을 부수고 나오는 과정이 성장이고, 이 과정을 그리는 것이 교양소설이다.

반면, 고백소설은 주인공의 진술형식에 따라 분류한 문학용어다. 고백소설은 일인칭 서술자를 내세우는데, 이 진술형식은 성장소설의 주된 양식이라고 할 수 있다. 그 이유는 성장소설의 역할과 밀접한 관련이 있다.

성장소설은 주인공의 고백형식을 빌려 타자와 관계를 맺고 세계에 눈떠가는 과정에서 입은 상처를 그려냄으로써 유사한 상처와 아픔을 겪은 독자들의 마음을 위로하고 치유한다. 그런 경험을 겪지 않은 독자들에게 대리 체험의 기회를 안겨줄 때에도 내밀한 비밀을 발설하는 고백의 형식보다 더 적합한 것은 없다.

고백이란 마음속에 감춰둔 것을 숨기지 않고 말하는 것이다. 비록 타자와의 갈등과 세계와의 충돌 탓에 피투성이가 되었더라도, 내밀한 사실을 독자에게 고백하는 인물은 통과의례를 거친 성숙한 자아의 소유자다. 자신의 상처와 그로 인한 변화, 상처극복을 위한 자기 갱신이나 자기 파괴의 욕망, 억압에 굴복하고 타협하는 비겁함 등을 솔직하게 고백한다는 것은 결코 쉬운 일이 아니기 때문이다.

만일 내게 사실을 사실대로 밝히는 습관이 있었다면 서슴없이 그들의 범죄를 아버지와 어머니에게 호소할 수 있었겠지만, 그러나 나는 그 아버지와 어머니 또한 온전히 이해할 수 없었던 것입니다. (…중략…)

아버지에게 호소해도, 어머니에게 호소해도, 순경에게 호소해도, 정부에 호소해도, 결국은 처세술 뛰어난 사람들이 세상에 그럭저럭 통할 만한 변명만 늘어놓는 것이다. 틀림없이 한 쪽으로 치우칠 게 뻔하다. 어차피 인간에게 호소하는 건 아무 소용없다. 나는 사실을 사실대로 단 한마디도 말하지 못한 채 꾹꾹 참으며, 그렇게 광대 짓이나 계속할 수밖에 없다고 생각했습니다.

— 다자이 오사무, 『인간실격』, 시공사, 2012, 25쪽.

소설 『인간실격』의 주인공 요조는 처세술에 능한 사람들의 논리대로 움직이는 세상에 맥없이 굴복한다. 하지만 이것을 단순히 미성숙한 인간의 나약한 자기 고백으로 받아들여서는 안 된다. 비록 자기소멸을 예고하는 절규일지라도 그 안에는 고백적 자아가 인식하는 시대와 세계에 대한 아포리즘이 담겨있기 때문이다.

이처럼 성장과 고백 플롯은 서사의 성격으로서 성장과 그 서술형식으로서의 고백이 결합한 서사유형이다.

  개인과 세계가 충돌하는 과정에서 발생하는 내적 성숙과 깨달음에 대한 기록에 그치는 것이 성장과 고백 플롯의 전부는 아니다. '허구를 부인하는 허구의 형식'인 고백을 통해 인간의 폭력성을 고발하고 세계의 지배 질서에 도전하는 것이 성장과 고백의 플롯이 지닌 또다른 역할이다.

성장과 고백 플롯의 구조

  성장과 고백 플롯의 주인공은 서사 전체에 걸쳐 자아의 확립을 위한 고통스러운 통과의례를 치른다. 그것은 주인공의 선택에서 비롯된 것일 수도 있고, 개인이 맞서 변화시킬 수 없는 운명에서 비롯된 것일 수도 있다. 그러나 분명한 것은 일반적인 것 이상의 통과의례를 치르지 않은 인물은 성장과 고백 플롯의 주인공이 되지 못한다는 사실이다.

  주인공이 경험하는 통과의례는 어떠한 것도 스스로 선택하지 않고 현실에 순종하며 살아온 사람들의 인식체계를 뒤흔들 만큼 특별해야 한다.

  소설『개밥바라기별』에는 작가 황석영이 겪은 소년 시절의 특별한 방황이 담겨있다. 1943년 만주 장춘에서 태어난 황석영은 고등학교 재학 중에 단편 「입석 부근」으로 『사상계』 신인문학상을 받은 뒤, 한일회담 반대시위에 참여했다가 경찰서 유치장에 들어갔다. 그곳에서 만난 일용직 노동자를 따라 공사판을 떠돌기도 하고, 고깃배를 타기도 했다. 빵 공장에서도 일했고 절에 들어가 행자 생활을 하기도 했다. 그가 해병대에 입대하여 베트남전에 참전하게 된 것은 스물한 살 때였다. 청소년기의 황석영에게 이 특별한 통과의례가 없었다면 『개밥바라기별』도 없었을 것이다. 고등학교를 자퇴하고 베트남전에 참전하기까지, 황석영이 겪은 방황과 갈등의 기록인 『개밥바라기별』은 한 인간이 어떻게 성숙해가고 어떻게 특별한 작가가 되었는지를 보여준다.

그러나 성장과 고백의 플롯이 반드시 작가의 체험적 사실과 자전적 고백만으로 이루어지는 것은 아니다. 개연성을 지닌 시대상황과 극적 고백의 형식을 통해서도 인간의 폭력성과 부조리한 현실을 고발하고 세계를 지배하는 이념이나 질서에 도전할 수 있다.

이재웅의 소설 『그런데, 소년은 눈물을 그쳤나요』는 할머니와 단둘이 살던 열두 살 소년이 이복누나와 살게 되면서 겪는 이야기이다. 빼어난 미모를 지닌 누나는 성매매로 생계를 유지한다. 누나의 정부 문곽호는 누나에게 거액의 빚을 지워 매춘으로 내모는 포주이기도 하다. 소년이 이들과 함께 지내는 아파트에는 누나를 찾는 손님이 끊이지 않는다. 나이와 상관없이 이미 늙어버린 소년은 아파트에서 벌어지는 일을 다 안다.

할머니는 언제나 방세에 밀려 더 추한 곳, 더 어두운 곳, 세상의 빛이 미치지 못하는 곳으로 갔다. 영등포의 쪽방 동네에서도 6개월을 살았다. 이웃집 여자들 중 대부분은 늙은 창녀였다. 밤마다 신음 소리가 들려왔다. 때로는 낮에도 들려왔다. 문을 열어둔 채 섹스에 몰입하는 사람들도 있었다. 나는 늙은 남자들의 보기 흉한 엉덩이를 수십 개나 보았다. 그들 중의 몇몇은 옷을 입고 나설 때에는 선량한 웃음을 지어 보이기도 했다. 초콜릿이나 백 원짜리 동전도 몇 개 쥐여주었다. 귀엽게 생겼구나, 하고 인자하게 말하기도 했다. 그러나 나는 그들의 울부짖음을 기억하고 있었다. 그들은 헐떡거리며 쌍년! 죽어! 죽어! 하고 외쳤었다. 나는 그들의 진짜 모습과 위장된 모습을 구분할 줄 알았다. 나는 누나가 어떤 여자인지 짐작할 수도 있었다. 누나가 숨기려 해도 나는 알 수 있었다. 나는 늙었다. 누나가 그것을 알아채는 데에는 오랜 시간이 필요할 것이다.

— 이재웅, 『그런데, 소년은 눈물을 그쳤나요』, 실천문학, 2009, 18-19쪽.

문명으로 포장한 자본주의의 이면에서 벌어지는 비인간적인 현실에 무감각해진 독자들도 '늙은 소년'의 냉정한 현실 앞에서 더는 진실을 외면하기 어렵다. 이처럼 작가에 의한 극적 고백은 체험적 진실에 기초한 자전적 고백과는 또 다른 위력이 있다.

소설을 통해 한 시대의 예각을 만나는 일이 점점 힘들어지는 오늘날 이재웅은 인간의 그늘과 그 아래 드리운 세계의 징후를 성장과 고백의 플롯을 통해 보여준다. 감당하기 어려운 물질적 풍요와 상간하며 욕망에 몰두하는 세상의 참담한 빈곤에 대한 '늙은 소년'의 고발이 바로 소설 『그런데, 소년은 눈물을 그쳤나요』다.

자전적 고백의 형식이든 극적 고백의 형식이든 상관없이 성장과 고백 플롯의 구조는 크게 세 단계로 이루어진다.

첫 번째 단계는 상처와 치부에 대한 주인공의 고백으로 시작된다. 자기 성찰이 아니라 자기 자랑을 통해서 성숙하는 인간은 없다. 자신의 상처와 치부를 부끄러움을 무릅쓰고 진솔하게 고백함으로써 성장과 고백의 플롯은 독자의 마음을 연다. 그래서 이 플롯은 자기 파괴의 길을 항상 열어두고 있다.

부끄러운 일이 많은 생애를 보내왔습니다.
나는 인간의 삶이라는 것을 도무지 알 수가 없습니다.
— 다자이 오사무, 『인간실격』, 시공사, 2012, 13쪽.

자신의 내밀한 고백이 독자나 관객에게 형식적인 겉치레로 받아들여지지 않으려면 주인공이 자신과 자신을 둘러싸고 있는 울타리에 대한 정보를 성실하게 제공해야 한다. 인간은 누구나 자신을 방어하기 위한 울타리가 필요하다. 외부세계로부터 자신을 방어하는 첫 번째 울타리는 가족이다. 그래서 자신이 어떤 가족과 관계를 맺어왔고 어떤 집안환경에서 살아왔는지를 자세히 설명해야 한다. 이를 바탕으로 독자나 관객은 주인공의 심리상태를 이해하고 앞으로의 반응이나 행동을 예측하게 된다. 황석영은 시장에서 점포를 꾸려온 어머니와 형제들에 관한 이야기를 시작으로 『개밥바라기별』을 풀어간다. 이재웅은 부모의 부재와 함께 살아온 할머니에 대한 고백으로 『그런데, 소년은 눈물을 그쳤나요』를 시작한다.

두 번째 단계에서는 외부세계와의 불화의 양상을 보여준다. 울타리 안에 머물던 주인공이 울타리 밖의 세계와 만나면서 잠재해 있던 문제가 드러나게 된다. 외부세계와의 만남은 주인공 스스로 울타리 밖으로 나서거나 타의에 의해 울타리가 무너짐으로써 발생한다. 그것이 긍정적인 사건이든 부정적인 사건이든 주인공의 인식체계에는 변화가 일어날 수밖에 없다. 심각한 경우에는 주인공이 자기를 부정하거나 행동 양식을 완전히 뒤바꾸기도 한다. 이렇게 인물이 돌변하는 이유는 개인이 감당할 수 없는 사건으로 인해 견고하게 쌓아왔던 모든 가치가 허물어지기 때문이다. 사건 대부분은 주인공이 감당하고 극복하기에 그 충격이 너무나 커서, 사건이 마무리된 다음에도 주인공에게 트라우마로 남겨진다. 외부세계와의 불화는 주인공 개인의 삶을 파괴하는 데 그치지 않고 울타리 전체의 파괴로 이어지기도 한다. 그 강도에 따라 『인간실격』의 주인공 요조처럼 자긍심을 완전히 잃어버린 채 현실을 기피하고 이성적인 대처를 포기하는 경우도 있다. 이러한 태도 역시 세계의 적대적인 본성을 마주하게 된 개인이 견딤과 무너짐 사이에서 갈등하는 것이라고 할 수 있다.

세 번째 단계에서는 주인공의 변화와 성숙의 양상을 보여준다. 성장과 고백 플롯의 주인공은 다른 플롯의 주인공보다 더 예민하고 자의식이 강한 만큼 극적인 변화가 뒤따른다. 이미 감당하기 어려운 사건을 겪은 주인공은 세계를 달리 인식하는데, 주인공의 세계를 이해하는 방법이 변화하면 자신이 옳다고 믿어온 가치에도 변화가 발생한다. 타자의 가치에 대해서도 얼마간 수용하게 되는 것이다.

사실 난 내가 어떻게 생각하고 있는지 몰랐다. 난 이 이야기를 많은 사람들에게 한 걸 후회하고 있다. 내가 알고 있는 건, 이 이야기에서

> 언급했던 사람들이 보고 싶다는 것뿐, 이를테면, 스트라드레이터나 애클리 같은 녀석들까지도. 모리스 자식도 그립다. 정말 웃긴 일이다. 누구에게든 아무 말도 하지 말아라. 말을 하게 되면, 모든 사람들이 그리워지기 시작하니까.
>
> — 제롬 데이비드 샐린저, 『호밀밭의 파수꾼』, 민음사, 2012, 279쪽.

소설 『호밀밭의 파수꾼』은 뜻대로 되는 일이 아무것도 없는 세상으로부터 도망치기만 했던 홀든이 세상을 응시하며 자신이 증오했던 사람들을 받아들이는 것으로 마무리된다.

이 단계에서 주인공은 자신과 타자 사이에 일어났던 불화, 자신과 세계와의 투쟁 결과를 고백한다. 긴 과정 끝에 이루어지는 고백 속에는 자신의 신념으로 인해 감당해야 했던 과거에 대한 회고, 현재의 변화한 내면과 새로운 가치체계가 담겨있다. 여기서 잊지 말아야 할 점은, 독자들 역시 주인공의 편에서 이 세상에 함께 맞섰다는 사실이다. 작가가 독자를 애써 '교양'하려 들지 않아도 주인공이 자신의 방식으로 세상과 처절하게 싸우는 과정을 지켜보며 독자는 상실감과 성취감을 느끼며 함께 싸운 것이다.

이러한 전개과정을 가장 잘 보여 주는 작품은 역시 다자이 오사무의 『인간실격』이다. 소설 『인간실격』은 주인공 오오바 요조가 쓴 일인칭 시점의 수기를 '나'라는 소설가가 서술하는 작품으로, 인간을 이해하고 인간이 되기 위해 노력했으나 번번이 좌절을 겪어야 했던 인간 실격자 요조의 고뇌와 인간에 대한 공포심을 다루고 있다. 이 작품은 다자이 오사무의 자서전이자 유서에 가까운 작품으로 평가되는데, 위선적인 세상에서 순수하고 나약한 주인공 요조가 죄의식과 자기연민 때문에 몰락해 가는 모습을 보여준다.

『인간실격』은 '부끄러운 일이 많은 생애'를 보내왔다는 상처와 치부에 대한 고백에 이어, 자신의 울타리가 되어 주어야 했던 가족과의 식사 시간을 매개로 외부세계와의 불화를 드러낸다.

> 그러다 보니 어린 시절의 내게 가장 고통스러운 시간은 바로 우리 집 식사 시간이었습니다.
> 우리 시골집에서는 열 명 남짓한 식구들이 각자 독상을 두 줄로 마주하고 줄줄이 앉아서 먹었습니다. 막내인 나는 물론 맨 끝자리였지요. 식사하는 방은 어두컴컴했는데, 점심을 먹을 때 십여 명의 식구들이

> 그저 묵묵히 밥 먹는 모습을 보면 나는 항상 소름이 끼치곤 했습니다.
> ― 다자이 오사무, 『인간실격』, 시공사, 2012, 14-15쪽.

 지극히 일상적인 식사 시간조차 고통스러웠다는 고백은 요조가 집안에서도 고립된 채 대인기피와 공포장애를 겪고 있음을 보여준다. 실제로 요조는 타인을 불신하고 아버지를 비롯한 주변 사람들과 관계를 제대로 맺지 못하는데, 이는 하인들과 하녀들로부터 당한 추행의 영향이 크다.
 그럼에도 요조는 인간에 대한 공포를 극복하기 위해서 노력한다. 두려움 속에서도 인간관계에 대한 갈증 때문에 익살꾼으로 행세하기 시작한 것이다. 하지만 익살 속에 감춘 공포심을 타케이치라는 친구에게 들킴으로써 요조는 또다시 폐쇄적인 내면세계로 가라앉는다. 이후 도깨비 자화상을 그리면서 술과 담배, 창녀에 빠져 지내면서 인간에 대한 공포를 잠시 지운다. 하지만 근본적인 해결책을 찾지 못하고 자살을 결심한다. 요조는 카페 여급 쓰네코와 바다에 투신하지만 홀로 살아남는다. 자신이 처음으로 사랑한 쓰네코를 죽음으로 몰아넣은 뒤, 요조는 끊임없이 세상과 인간의 본질에 대해서 질문한다. 그는 '세상이나 세상 사람이라는 건 어느 한 개인'이라는 답을 구하고 약간의 자신감을 가진다.

요조는 자신마저 꾸밈없이 신뢰하는 요시코와 결혼을 한다. 요조가 품고 있던 인간에 대한 불신은 그녀의 절대적인 신뢰 덕에 조금씩 극복된다. 그러나 인간에 대한 신뢰 탓에 요시코가 다른 남자에게 겁탈을 당하게 되면서 요조가 품었던 희망은 돌이킬 수 없이 부서진다.

이러한 불화 끝에 요조는 극단적인 절망감을 고백한다. 그는 세계와의 투쟁에서 완전히 패배한 것이다. 요조에게 세계는 인간을 신뢰할수록 비참해지는 곳이며 신뢰가 죄가 되는 곳이다. 이러한 인식의 변화와 가치관의 변화 때문에 요조는 알코올과 약물에 중독되고 자살시도를 하며 정상적인 인간으로부터 더욱 멀어진다. 어쩔 수 없이 아버지에게 도움을 청하지만 철저하게 외면당하고 호리키와 요시코에 의해 정신병원에 갇히고 만다. 세상을 향해 요조가 마지막으로 내민 손마저 배반당한 것이다. 급기야 요조는 정신병원에서 '인간실격. 이제 나는 완전하게, 인간이 아니게 되었습니다.'라고 고백한다. 얼마 뒤, 아버지의 죽음을 전해들은 요조는 모든 의욕을 상실하고 완전한 폐인이 된다.

제롬 데이비드 샐린저의 소설 『호밀밭의 파수꾼』의 구조도 다르지 않다. 이 소설은 주인공 홀든 콜필드가 펜시 고등학교에서 퇴학을 당해 학교를 떠나는 날부터 사흘 동안의 방황을 적고 있다. 주인공 홀든 콜필드는 인간이 가식적이고 위선적이라고 생각한다. 이 인간에 대한 환멸로 인해 홀든은 네 번째로 전학한 펜시 고등학교에서 퇴학처분을 당한다.

위선적인 세상에서 외로움을 느끼고 방황하던 그는 어렵사리 맨톨리니 선생님을 찾아가지만 환멸만 더 깊어진다. 대신 자신의 마지막 희망인 여동생 피비를 찾아간다. 피비의 순수함과 변함없는 사랑은 모든 걸 버리고 세상과 결별하려는 홀든을 붙잡아준다. 홀든은 피비에게 이렇게 말한다.

「그건 그렇다치고, 나는 늘 넓은 호밀밭에서 꼬마들이 재미있게 놀고 있는 모습을 상상하곤 했어. 어린애들만 수천 명이 있을 뿐 주위에 어른이라고는 나밖에 없는 거야. 그리고 난 아득한 절벽 옆에 서 있어. 내가 할 일은 아이들이 절벽으로 떨어질 것 같으면, 재빨리 붙잡아주는 거야. 애들이란 앞뒤 생각 없이 마구 달리는 법이니까 말이야. 그럴 때 어딘가에서 내가 나타나서는 꼬마가 떨어지지 않도록 붙잡아주는 거지. 온종일 그 일만 하는 거야. 말하자면 호밀밭의 파수꾼이 되고 싶다고나 할까. 바보 같은 얘기라는 건 알고 있어. 하지만 정말 내가 되고 싶은 건 그거야. 바보 같겠지만 말이야.」

— 제롬 데이비드 샐린저, 『호밀밭의 파수꾼』, 민음사, 2012, 229-230쪽.

    홀든의 고백은 그의 내적 성장을 가늠하게 한다. 물론 그의 인간에 대한 환멸은 아직 완전히 해소되지 않았다. 하지만 홀든은 자기파괴를 그만두기로 결심한다. 대신, 순수한 아이들이 낭떠러지로 떨어질 때 자신이 어딘가에서 나타나 붙잡아줄 수 있기를 소망한다. 이는 가식적이고 위선적인 인간으로부터 순수함을 지키고자 하는 홀든의 의지라고 할 수 있다.

성장과 고백 플롯의 기법

    성장과 고백 플롯은 일인칭 서술자가 고백적 화자가 되어, 고백 이전에 실재하는 어떤 사건이나 진실에 대해서 회고하는 기법이 주로 사용된다. 제롬 데이비드 샐린저의 소설 『호밀밭의 파수꾼』은 열일곱 살의 홀든 콜필드가 열여섯 살의 자신을 회상하는 형식으로 쓰였다.

고백과 회고조의 서술에는 자신의 성장 과정과 세계에 대한 인식, 상처와 변화를 담담하게 전달할 수 있다는 장점이 있다. 더 나아가 상처를 극복하기 위한 노력, 세계와의 투쟁과정, 자신이 처한 상황에 대한 깨달음 등을 내밀한 어조로 독자나 관객에게 전달할 수 있다.

작가가 일인칭 서술자를 고백적 화자로 내세우는 가장 큰 이유는, 허구로 이루어진 서사의 실감을 강화하기 위해서다. 고백적 서술에는 쉽게 말하기 어려운 내용적 진실이 있다는 것이 전제되어 있다. 고백은 실재하는 사건이나 진실이 있다는, 작가와 독자의 묵시적 약속 위에 성립한다. 고백의 사실성을 둘러싼 의구심을 원천적으로 차단하기 위해서 작가들이 동원하는 기법이 고백과 같은 내향적 화법이다. 내향적 화법은 독자를 설득하는 일에 전혀 관심을 두지 않고 오로지 자신과의 대화에 몰두하고 있다는 효과를 불러일으키기 때문이다.

더불어 자기 고백적인 문체는 서술자가 외부세계에서 소외되었다는 인상을 독자에게 심어준다. 『인간실격』 전체를 아우르는 요조의 자기소외 의식과 피동성은 작품의 내용과 더불어 이러한 문체로 인해 더욱 깊고 짙어진다.

또한, 성장과 고백의 플롯은 자전적인 작품에서 자주 사용된다. 작가나 감독의 실제 체험을 바탕으로 쓰인 경우, 자기 고백적인 문체는 독자의 의심을 불식시키고 한 인간의 내적 성장에 초점을 맞추도록 한다. 그러나 주인공과 작가를 동일시해서는 안 된다. 이야기의 재배열, 생략과 강조, 허구화를 통해 서사작품이 된 이야기는 절대 사실 그 자체일 수 없기 때문이다.

환상과 초월 플롯

환상과 초월 플롯의 개요

마법의 세계는 이야기의 화수분이다. 동서양을 가리지 않고 아이들을 사로잡는 이야기는 마법의 세계, 환상과 초월의 플롯과 연결되어 있다. 한번 들으면 영원히 잊지 못하는 이야기들, 우리의 설화소설인 『콩쥐팥쥐전』이나 서양의 『신데렐라』 역시 환상과 초월의 플롯과 연결되어 있다. 태국에도 이와 비슷한 이야기인 「피쿨 이야기」가 있다.

> 피쿨이라는 이름의 아주 예쁜 여자아이가 살았다. 어려서 엄마를 여의었고, 아버지는 새장가를 들었다. 계모는 자기 딸 말리와 함께 들어왔다. 계모와 새언니 말리는 피쿨을 못살게 굴었다.

호수에 가서 물을 길어 오는 것도 어린 피쿨의 몫이었다. 어느 날 물을 길러갔던 피쿨은 어떤 노파가 목이 마르다고 하자 물을 주었다. 마실 물만 아니라 얼굴을 씻을 물까지 주었다. 노파로 가장했던 천사는 보답의 선물을 주었다. 그것은 피쿨이 말할 때마다 황금꽃이 나오게 하는 것이었다.

피쿨의 집은 황금꽃 천지가 되었고, 계모는 그것을 시장에서 팔아 큰돈을 벌었다. 그러나 계모는 그것으로 만족하지 못하고 피쿨이 끝없이 말을 하게 만들었다. 너무 많은 말을 한 나머지 피쿨이 더 이상 말을 할 수 없게 되자 계모는 말리를 호수로 보냈다. 말리는 길가에서 만난 아름다운 부인이 천사인 줄 모르고 함부로 대했다. 부인은 말리를 저주하며 떠나갔다.

집으로 돌아온 말리가 말을 할 때마다 말리의 입에서는 황금꽃 대신 징그러운 벌레들이 마구 쏟아져 나왔다. 계모는 말리의 불행이 피쿨의 탓이라며 피쿨을 집에서 쫓아냈다

말을 타고 지나가던 왕자가 길가에서 울고 있던 피쿨에게 왜 우느냐고 물었다. 피쿨이 사정을 이야기하기 시작하자 입에서 다시 황금꽃이 나왔다. 피쿨에게 반한 왕자는 청혼을 했고, 둘은 부부가 되었다.

— 김남일·방현석, 『백 개의 아시아』, 아시아, 2013.

이 이야기의 주인공인 피쿨은 계모에게 괴롭힘을 당하다가 왕자와 혼인을 한다. 반면 심술궂은 딸 말리는 말을 할 때마다 징그러운 벌레들이 쏟아져 나오는 벌을 받는다. 이처럼 「피쿨 이야기」나 『콩쥐팥쥐전』 등 과거의 환상적인 서사는 윤리적인 성격이 강했다. 하지만 오늘날 환상과 초월의 서사는 현실로부터 도피하기 위한 수단으로 활용되는 경향을 보이기도 한다.

그러나 진정한 환상과 초월의 서사는 현실로부터 도피하는 것이 아니라, 제3의 공간에 환상적인 현실을 구축하여 현실의 다른 가능성을 제시한다. 현실과 다른 현실 안에서 인간의 내면을 읽어내고 실재의 현실을 견디는 힘을 불러일으키는 것이 환상과 초월의 플롯이다. 이때 현실과 비현실, 이성과 비이성, 내면과 외부세계의 경계는 매우 모호해진다.

환상은 더이상 민담과 동화의 전유물이 아니다. 인간의 내면과 전형적 현실 속에서 출구를 찾지 못한 소설과 영화, 게임과 같은 현대서사들이 새로운 출구로 삼고 있는 것이 바로 환상과 초월의 플롯이다.

근대를 대표하는 서사양식인 소설은 서구 근대정신에 기반을 두고 있다. 서구 근대정신은 이성과 합리성으로 요약되는데, 소설은 그러한 요구에 가장 잘 부합하는 서사양식이었다. 단순한 이야기와 서사를 구분하는 기준으로 제시된 인과관계는 합리주의자들의 윤리학이자 논리학이었다. '그럴 법한' 개연성을 끊임없이 강조하는 소설이 근대를 통과해 현대에 이르는 동안 서사예술의 총아로 떠오른 것은 지극히 당연한 결과였다.

합리주의는 철학의 영역에 머무르지 않고 정치와 경제, 예술을 비롯한 전 영역에 걸쳐 근대를 규정하는 가치였다. 그러한 서구의 근대정신은 인간중심의 세계관을 통해 인간의 지위를 상승시켰다. 신의 섭리와 왕의 명령에 순종하는 것이 미덕이었던 인간을, 자신의 운명을 선택할 권리와 그 결과를 감당해야 하는 책임을 지닌 인간으로 만든 것이다. 소설은 초자연적인 신과 절대권력을 지닌 왕을 중심으로 세상을 설명하던 고대와 중세의 봉건주의 신화를 합리주의의 망치로 해체하기 시작했다. 그리하여 소설은 '신으로부터 버림받은 인간'의 예술이자, '왕으로부터 독립한 단독자'의 예술이 되었다.

그러나 세상의 질서를 총체적으로 설명하던 신의 부재는 개별적인 인간이 대체하기 어려운 공백을 초래했다. 그래서 루카치는 세계와 주체가 서로 뚜렷이 구분되지만 결코 낯설게 되는 일이 없었던 고대 서사시의 시대를 떠올리며 『소설의 이론』을 시작했다.

"별이 총총한 하늘이 갈 수 있고 또 가야만 하는 길들의 지도인 시대, 별빛이 그 길들을 훤히 밝혀주는 시대는 복되도다."

하지만 서사시의 시대는 끝났다. 그래서 인간은 스스로 "갈 수 있고 또 가야만 하는 길"을 찾아 떠나야 했고, "처음과 끝 사이에 자신의 총체성의 본질적인 것을 포함"시켜야 했다. 그럼으로써 소설은 한 개인의 체험을 통해 하나의 전체적인 세계를 창조하고 인간을 무한한 높이로 고양시킬 수 있는 영광스러운 성취의 가능성을 지닌 장르가 되었다. 그 결과, 소설은 서사시의 "아이다움과는 대조되는 성숙한 남성성의 형식"이 되는 것이다.

많은 작가들은 루카치가 말한 소설의 가능성을 증명하기 위해서 분투했다. 카뮈와 앙드레 말로, 레마르크와 헤밍웨이, 도스토예프스키와 톨스토이 등은 현실과 불화하고 갈등하는 인간의 심리와 행위를 탁월하게 형상화함으로써 소설의 가능성의 상당 부분을 현실로 바꾸어놓았다.

사회주의 리얼리즘은 한 걸음 더 나아가 세계가 합법칙적으로 발전한다고 믿고, 인간의 본질을 합법칙적 발전과정 안에서 해명하고자 했다. 서사작품에서도 객관적 현실의 해석과 반영에 그치지 않고 인간의 본질을 왜곡하는 사회적 모순관계를 해결해나가는 인물의 전형을 창조하는 데 힘을 기울였다. 미하일 숄로호프의 『고요한 돈강』, 막심 고리키의 『어머니』, 업튼 싱클레어의 『정글』, 잭 런던의 『강철군화』와 같은 작품들이 여기에 해당한다.

유물론적 변증법에 따라 전형성을 강조한 사회주의 리얼리즘은 정(正)과 반(反)의 투쟁을 통해 합(合)으로 나아간다는 확고한 믿음을 가지고 있었다. 자본주의가 갖고 있는 자기모순을 정반합(正反合)의 과정을 통해 극복한다면 더 나은 사회로 나갈 수 있다고 생각한 것이다. 이는 합리적이냐, 과학적이냐, 하는 문제를 넘어서는 세계관의 문제였다. 그래서 사회주의 국가의 많은 소설과 영화는 사회의 변화와 발전 법칙을 신뢰하고 유물변증법적 시선으로 세계를 해석하고 형상화했다.

세계의 합법칙적 발전과정 안에서 인간의 전형을 찾아내고 형상화하려는 시도는 일정한 성과를 거두며 근대서사의 영향력을 확장시키는 데 기여했다. 사회주의 리얼리즘 계열의 대표적인 작품인 고리키의 『어머니』는 인간으로서의 권리를 자각하고 인간다운 삶을 살기위해 행동하는 어머니의 모습을 감동적으로 형상화하며, 인간이 인간을 억압하고 착취하는 봉건제도의 붕괴를 촉발했다. 그러나 사회주의 체제의 권력화로 인해 사회주의 리얼리즘 문학은 체제에 봉사하는 도구로 전락했고 더불어 인간의 희망과 미래를 위해 싸우는 진보적인 이상으로부터 멀어졌다.

세계를 합리적으로 설명하는 근대서사의 방법론이 무력화되자 소설의 위기론은 증폭되었다. 특히, 근대소설을 통해 서구 근대정신을 인류의 보편적인 가치규범으로 세운 서구는 더 이상 세계문학전집의 권수를 늘리기 어렵게 되었다. 세계는 어느새 더 복잡해졌고 이성의 범위 안에서 세계를 객관적으로 설명하는 일도 그만큼 어려워졌다. 그리하여 인간이 '규범적인 객관성'으로 새로운 길을 정립할 수 없으리라는 회의가 발생했고, 그 대안으로 환상과 초월 플롯이 새로운 주목을 받게 되었다.

물론, 현실을 뛰어넘는 환상과 초월의 서사는 동서양의 신화에 폭넓게 존재해왔다. 중앙아시아의 신화 「마나스」에는 아들 졸라만의 화살을 맞고 죽은 엄마 나이마-아나가 한 마리 새가 되어 하늘로 날아오른다. 그리스·로마 신화에는 아폴론의 유혹을 피해 월계수로 변신하는 다프네의 이야기가 있고, 아프로디테보다 예쁘다고 딸을 자랑한 어머니 때문에 몰약 나무로 변한 스뮈르나 이야기가 있다. 환상과 초월의 플롯은 새롭게 탄생한 것이 아니라 근대서사에서 전근대적인 것으로 배척당했던 아주 오래된 상상력의 귀환이라고 보아야 할 것이다.

환상과 초월 플롯의 구조

환상과 초월의 플롯은 합리주의에 기반을 둔 근대서사의 한계를 극복하려는 서사양식이다. 그래서 이 유형의 서사는 현실과 환상을 자유롭게 넘나들며 이성과 비이성의 벽을 부순다. 그로 인해 환상과 초월의 플롯은 논리성의 잣대로부터 자유롭다. 근대 합리주의 서사는 논리적이고 인과관계가 정확히 성립되어야 하지만 환상과 초월의 플롯은 인과관계의 알리바이 자체를 거부한다. 오히려 인과관계를 파괴하는 방식으로 새로운 질서를 만들어낸다.

합리주의적 세계관에 따르면 현실은 의심할 여지가 없이 확정된 대상이다. 그러나 환상과 초월의 세계관으로 보면 현실은 불확정성의 대상이다. 이 세계에 아무것도 확정된 게 없으며 가변적이라는 전제는 서사가 인간의 문제를 조망하는 과정에서 무한한 자유로 이어진다.

그러나 환상과 초월의 서사유형은 판타지 장르서사와 다르다. 판타지 장르서사는 환상 그 자체가 목표일뿐 인간의 문제를 은유하고 해명하는 걸 목적으로 삼지 않는다. 또한 유희적 기능 그 자체가 창작동기이자 목적이다. 반면 환상과 초월 플롯은 환상성을 통해 인간과 세상의 진실로 접근하는 서사 방법론이다.

환상과 초월 서사의 가장 큰 특징은 모든 것을 의심의 대상으로 삼는다는 점이다. 확정된 진리를 전제로 하는 전통적인 서사와 달리, 진리가 미리 준비되어 있지 않으며 과정으로서의 진리가 있을 뿐이다. 예측할만한 정답도 존재하지 않으며, 진리를 찾아가는 길은 현실의 경계 안으로 제한되지 않는다. 따라서 현실의 규제로부터 자유로우며 상상력은 무한한 확장성을 지닌다.

가브리엘 가르시아 마르케스의 장편소설 『사랑과 다른 악마들』은 광견병에 걸린 열두 살 소녀를 수도원에 감금하고 치료 명목으로 행하는 신부의 광적인 행동을 초현실적으로 그린다. 이 과정에서 신부는 소녀와 사랑에 빠지고, 소녀는 신부를 만나지 못할 때마다 광기를 드러낸다. 마르케스는 이 서사를 통해 식민지배와 종교의 이중적 억압에 처한 18세기 콜롬비아의 사회적 모순을 통렬하게 비판한다. 역사적 현실을 현실적인 문법이 아닌 환상적인 문법으로 다룬 것이다.

대런 아로노프스키 감독의 영화 《블랙스완》도 현실과 환상, 의식과 무의식의 경계를 허문다. 뉴욕 발레단에 소속된 니나(나탈리 포트만)는 각색한 '백조의 호수' 공연에서 1인 2역으로 백조와 흑조라는 상반된 성격을 연기해야 한다. 하지만 순수한 백조는 완벽하게 연기하지만 관능적이고 도발적인 흑조 연기는 소화하지 못한다. 초조해하던 니나는 급기야 경쟁자인 릴리(밀라 쿠니스)를 분장실에서 찔러 죽인다. 릴리를 죽인 니나는 내면의 억압에서 벗어나 무대에서뿐만 아니라 일상에서도 일탈을 서슴지 않는 완벽한 흑조가 된다. 그러나 마지막 공연을 앞두고 릴리가 분장실로 찾아온다. 니나가 죽인 것은 릴리가 아니라 자기 자신이었던 것이다.

이처럼 환상과 초월의 유형은 경계 없는 환상을 통해, 현실과 은폐된 진실까지 포착해낼 수 있다. 사실을 반영한 현실에 의해서가 아니라, 사실을 넘어서는 환상을 통해서 진실을 규명하고자 하는 것이 환상과 초월 플롯이다. 현실 그 너머를 보는 것, 이것이 바로 환상이 가진 힘이자 가능성이다.

환상과 초월 플롯의 기법

환상과 초월의 기법 중에서 21세기에 가장 주목받은 것은 중남미의 마술적 리얼리즘이다. 마술적 리얼리즘은 형식적 환상성과 내용적 리얼리즘이 결합한 것으로, 모순적인 개념이라고 할 수 있다. 여기에는 근대 서구의 곤혹스러움이 반영되어 있다. 현실과 비현실을 명확하게 구분했던 근대 서구의 시각으로 비현실을 통해 현실을 추구하는 서사유형을 설명하는 과정에서 분열과 모순이 발생할 수밖에 없었다. 근대 서구의 시각이 지닌 한계에서 벗어나기 위한 대안으로 비현실을 통해 현실을 추구하는 방식을 발견했지만, 이 모순된 미학을 설명할 수 없는 딜레마가 마술적 리얼리즘이란 용어를 탄생시켰다.

이러한 곤란은 서구의 근대서사 이론을 그대로 수용해온 우리나라에서도 이미 겪었다. 리얼리즘 미학은 객관세계를 정직하게 반영하며 전형성을 추구한다. 황석영의 『무기의 그늘』, 신상웅의 『히포크라테스 흉상』, 현기영의 『순이 삼촌』은 그런 리얼리즘의 미학에 정확하게 부합하는 소설이다. 그러나 조세희의 『난장이가 쏘아올린 작은 공』은 달랐다. 객관세계를 정확하게 반영하려는 노력은 먼저 언급한 작품들에 비해 『난·쏘·공』이 결코 모자라지 않을 것이다. 그러나 당시 강한 영향력을 발휘하고 있던 비평가들은 이 작품을 리얼리즘에 포함시켜 논의하기를 주저

했다. 그래서 7,80년대 리얼리즘 문학의 산실이었던『창작과비평』에서 이 작품에 대한 논의는 거의 찾아보기 어려웠다.『난·쏘·공』의 방법론은 전통적인 리얼리즘 기법보다는 초현실주의에 가까운 우화적 기법을 사용했기 때문이다. 그렇다고 리얼리즘 소설이 아니라고 말하기도 어려웠다. 7,80년대 모더니즘 문학의 산실이었던『문학과지성』도『난·쏘·공』을 자신들의 미학적 범위로 편입한 방법을 찾지 못했다. 비록 조세희가 낯선 방법을 동원했지만 사회적 진실에 육박해나가고자 하는 리얼리스트로서의 그의 의지에 대해서는 의심할 여지가 없다.

마술적 리얼리즘을 상징하는 작가는 가브리엘 가르시아 마르케스다. 마르케스가 추구한 바는 당대 현실의 진실에 육박하는 것이었는데, 그것에 가장 효과적인 방법론이 환상과 초월이었다. 그가 동원한 방법은 서구 근대서사가 사용해온 합리주의적이고 이성적인 방식이 아니다. 비현실적인 방법을 통해 은폐되어 있는 경이로운 현실을 드러내고자 하는 방식이 그의 미학이다.

아시아와 서유럽의 신화에서 환상과 초월의 서사가 아주 익숙한 것처럼 중남미의 신화와 민담에서도 환상은 친숙한 양식이었다. 다른 점은 서구와 근대 서구의 가치를 수용한 나라들이 현실과 환상을 명확히 구분하며 환상을 현실적 삶의 영역에서 제거했지만 중남미에서는 환상이 여전히 삶의 일부로 남아있었다는 사실이다.

마술적 리얼리즘은 마르케스가 처음으로 사용한 것이 아니다. 신화와 민담에 기원을 둔 중남미의 근현대 서사는 서구와 같은 단절을 겪지 않았다. 이는 그들의 문화에서 단절되지 않고 이어져 내려온 오래된 서사의 전통이었다. 마르케스는 할머니의 무릎에 앉아 그 이야기를 들었고, 마르케스의 선배작가들도 이러한 서사문법에 익숙했다. 마르케스가 세계의 주목을 받은 것은 개인이 도달한 성취에만 있지는 않다. 20세기 서구서사가 자기 출구를 모색하는 과정에서 그는 발견된 것이다. 서구 서사의 한계인 합리주의적 서사 질서의 한계를 돌파해 나가기 위해서는 대안들이 필요했다. 그 대안으로 발견한 것이 역사적 단절을 겪지 않고 이어져온 현실과 비현실이 통합된 남미의 서사양식이고 마르케스의 소설이다. 이것을 통해서 서구의 근대서사가 직면한 한계를 넘을 수 있다는 가능성을 본 것이다.

근대 이후로 세계문학이라 함은 곧 서구문학이었다. 서유럽문학의 가치와 그들의 미학적 체계가 세계의 보편적 가치이고 질서였다. 그들의 시각에 맞지 않는 것들은 모두 야만, 비문명으로 간주되었다. 그러나 서구의 잣대로는 이 세계를 더 이상 측량할 수가 없다는 한계에 봉착했고 그 결과 주목받게 된 것이 마술적 리얼리즘이다.

이러한 예로, 《리니지》와 《아이온》, 《월드 오브 워크래프트》, 《아키에이지》와 같은 게임에서 빠지지 않는 '아바타'가 있다. 게임에 등장하는 아바타는 우리의 상상력을 현실 밖으로 확장시키는 마법의 도구다. 힌두 신화의 3대 주신의 하나인 비슈누는 생명의 유지를 담당하는데 열 차례 모습을 바꾸어 세상에 나타난다. 그렇게 화신한 것을 아바타라고 부른다. 아바타를 영어로 알고 있는 사람들이 많은데, 인도신화에서 신의 화신을 가리키는 말이 아바타(Avatar)였다.

　서구의 신화에 깃든 환상과 초월의 세계는 신화 속에 박제되어 버린 반면, 남미나 아시아의 신화에 깃든 환상은 여전히 인간의 생각에 영향을 미치고 행동에 간섭한다. 방글라데시에서 여신 마나사는 오늘날에도 힌두교 가정의 결혼 의식에 반영되고 있다. 「마나사 망갈」은 베홀라와 락시민다르에 얽힌 이야기인데, 사랑과 용기의 화신인 베홀라를 추앙하는 벵갈 신부들은 21세기에도 남편을 지키기 위해 첫날밤을 꼬박 새우고 있다. 베홀라는 수시로 영화와 드라마로 만들어져 벵갈인들의 추앙에 응답한다.

　서구근대의 가치와 방법론을 충실하게 쫓아온 우리나라에서도 환상과 초월의 유형에 대한 관심이 조용하지만 빠르게 확산되었다. 박민규를 필두로 한 많은 젊은 작가들이 환상과 초월 플롯을 도입하고 있다. 몇 년 전이었으면 터무니없고 황당무계하다고 백안시되었을 작품들이 새로운 트렌드처럼 받아들여지고 있다.

한강의 소설 『내 여자의 열매』는 주인공인 여자가 도시 아파트의 소외된 삶을 견디지 못하고 식물로 점점 변해가는 이야기다. 타자와 소통하지 못한 채 심화되는 소외감은 주인공을 베란다의 화분에서 겨울을 맞이하는 나무로 변하게 만든다. 나무가 된 여자는 잎을 떨어뜨리고 열매를 맺는다. 남편은 나무로 변한 아내의 열매를 깨물어 먹는다. 이 작품은 현실을 통해서는 결코 도달하기 어려운 현대도시인의 소외와 슬픔, 절망감을 환상적인 방식으로 접근하고자 시도한 것이다.

이성을 통해 진리에 도달하려는 합리주의의 한계를 인식한 작가들이 단순한 스토리와 서사를 구별하는 기준이 되었던 인과관계를 해체하고 인간의 내면에 더 가까이 밀착함으로써 인간과 인간을 둘러싼 현실을 해명하고자 시도한 것은 오래된 일이다. 내적 독백과 서술을 중심기법으로 하는 '의식의 흐름' 소설이 대표적이다. 제임스 조이스의 『율리시스』와 윌리엄 포크너의 『음향과 분노』, 마르셀 프루스트의 『잃어버린 시간을 찾아서』, 버지니아 울프의 『댈러웨이 부인』 같은 작품은 외적 인과관계를 무시하고 등장인물의 의식을 쫓는데 집중한다.

객관적 합리성보다 인간의 의식과 무의식에 주목하고 외적 질서에 의한 합리적 설명을 부인하는 서사는 영화에서도 이미 오래전에 나타났다. 알랭 레네 감독의 《내 사랑 히로시마》나 《지난해 마리앙바드에서》와 같은 누보시네마의 영화들이 대표적이다. 누보시네마는 누보로망과 더불어 서구 근대서사의 윤리였던 '합리적이고 이성적인 세계관에 토대를 둔 미메시스적인 개념에 반대하고 세계와 현대사회의 불확실성과 비례하여 영화나 소설 또한 현실의 인상을 약화시키거나 내면세계나 환상세계로 진입'을 시도했다. 누보 시네마의 이런 시도는 '바깥 현실만을 진실로 여기는 우리의 믿음을 뒤흔들고, 현실과 꿈, 실제의 세계와 상상의 세계 사이를 가르고 등급을 매기는 객관적 사실주의의 개념을 파괴하기 위한 기획'이었다.[1]

---

1) 방현석, 『소설의 길 영화의 길』, 실천문학, 139쪽.

원형서사 활용 플롯

원형서사 활용 플롯의 개요

　원형서사 활용 플롯은 신화와 전설, 민담과 같은 이야기를 전용하거나 일부를 차용하여 새롭게 소설이나 영화, 드라마, 뮤지컬 등을 만드는 방법론이다. 특정 원형서사의 시점, 성격, 사건 등을 모티프로 삼아 전혀 다른 관점과 형식의 작품을 창출해내는 방법도 원형서사 활용 플롯에 포함된다.
　이 플롯은 원형서사가 지니고 있는 잠재적 의미를 극대화하는 방법론 모두를 포괄하는데, 과거의 이야기를 기계적으로 반복하는 것이 아니라 시대와 사회에 맞게 변용함으로써 새로운 의미를 만들어내는 것이다.
　원형은 개인의 무의식에 잠재된 보편적인 기억이라고 설명할 수 있다. 칼 구스타브 융은 원형이 인간의 심리와 본성을 규정하는 초인격적인 심리구조로, 인류가 반복적으로 겪어온 모든 경험의 침전물이라고 말한다. 이러한 원형적인 형태의 정신을 가장 잘 담아내온 것이 신화와 전설, 민담과 같은 전승 서사다.

신화와 전설, 민담은 주인공의 성격과 행위, 시간과 공간의 배경, 사건의 의미 등에서 유사하면서도 서로 구별되는 특징을 지니고 있다. 신화는 신적인 존재가 등장하여 우주와 자연, 인간의 기원을 설명한다. 전설은 비일상적이고 특별한 상황과 사건에 처한 인간의 이야기를 다루는데, 실존인물이 등장하거나 '거북바위 전설'과 같이 구체적인 증거물이 제시된다. 그리고 민담은 '옛날 옛적 어느 곳'이라는 시공간에서 벌어지는 허구적 이야기를 총칭하는 것이 일반적이다.

모든 생명 있는 것들이 그렇듯 이야기도 탄생과 소멸의 과정을 반복한다. 인류의 역사는 수많은 이야기의 탄생과 소멸의 역사라고 해도 지나치지 않다. 이 장구한 인류의 역사에서 소멸되지 않고 오늘날까지 전해지고 있는 원형서사는 그만큼 강한 생명력을 가진 이야기라고 할 수 있다. 그리고 신화와 전설, 민담과 같은 원형서사에는 그 민족이 지키려고 하는 중요한 가치체계와 그 민족을 열광시키는 매혹적인 이야기의 구조가 내장되어 있기 마련이다.

그리스 로마신화를 압도하는 대서사시 『라마야나』는 오늘날에도 인도 서사예술의 원형으로 끊임없이 활용되고 있다. 『라마야나』는 소설과 영화, 애니메이션, 드라마는 물론 게임의 소재로도 각광을 받아왔다.

'라마야나'란 '라마의 일대기'란 뜻으로 라마 왕세자의 모험과 사랑을 중심으로 전개되는 거대한 이야기다. 『서유기』에 나오는 손오공의 원형으로 알려진 원숭이 장군 하누만의 환상적인 활약과 머리가 열 개나 달린 악귀 라바나의 횡포, 스스로 불 속에 뛰어들어 자신의 정절을 증명해야 하는 비련의 왕세자비 시타의 운명은 독자들로 하여금 이 이야기에서 눈을 떼지 못하게 만든다.

코살라 왕국의 첫째 왕비가 낳은 왕세자인 라마는 둘째 왕비의 음모로 14년간 유배를 떠난다. 라마 왕세자의 만류에도 불구하고 왕세자비인 시타는 라마 왕세자를 따라 함께 밀림으로 유배를 떠난다.

밀림에서 유배생활을 하던 라마 왕세자와 시타 왕세자비를 시련에 빠뜨리는 것은 수르파나카라는 악귀였다. 여자 악귀인 수르파나카는 라마에게 첫눈에 반해 접근했다가 거절당하자 오빠인 악귀의 왕 라바나에게 도움을 청한다. 악귀의 왕 라바나는 바다 건너 랑카 섬을 지배하고 있었다. 여동생 악귀의 부탁을 받은 라바나는 숙부 마라차를 황금사슴으로 변신시켜 시타를 유인하고, 자신은 남루한 수도자로 변장하여 시타를 납치한다.

뒤늦게 상황을 파악한 라마는 시타를 찾아 길을 떠나고, 원숭이 장군 하누만의 활약에 힘입어 시타를 구출한다. 악귀의 왕 라바나와 싸워 이긴 라마는 시타가 납치되어 있는 동안 순결을 지켰는지 의심하는 사람들의 의혹을 의식한다. 그래서 시타에게 이렇게 말한다.

"내 임무는 끝났소. 나는 이제 당신을 해방시켰소. 나는 내 사명을 완수했소. 이 모든 노력은 당신이나 나의 개인적 만족을 얻기 위한 게 아니었소. 이것은 익슈바후족의 명예를 지키고 우리 조상들의 행동 규범과 가치에 경의를 표하기 위해서였소. 수개월 동안이나 적의 집에서 살았던 여자를 정상적인 결혼 생활에 다시 받아들이는 것은 관례가 아니라고 말할 수밖에 없소. 우리가 다시 함께 살 수 없다는 점에 대해서는 어떤 의문도 있을 수 없소. 당신에게 자유를 줄 테니, 어디든 가고 싶은 곳으로 가서 당신이 살 곳을 선택하시오. 나는 어떤 식으로도 당신을 제약하지 않겠소."

이 말을 듣고 시타는 쓰러졌다.

"내 시련은 아직 끝나지 않았군요." 그녀가 외쳤다. "당신의 승리와 함께 우리의 고생도 끝난 줄 알았는데! 그렇다면 좋아요!" 그녀는 락슈마나를 손짓으로 불러서 지시했다. "지금 당장 이 자리에 불을 피우세요." 락슈마나는 망설이며 형을 바라보았다. 형이 반대 명령을 내려 시타의 명령을 취소할지 모른다고 생각했기 때문이다. 하지만 라마는 아무 말도 하지 않았다. 말하자면 시타의 명령을 묵인한 셈이었다. 락슈마나는 가장 충성스러운 참모로서 무조건 명령에 따를 수밖에 없었다. 그는 장작을 쌓아올려 순식간에 화장용 불을 피웠다. 군중은 사태의 추이에 놀라 그 과정을 지켜보았다. 불길은 나무 우듬지와 같은 높이까지 치솟다. 그래도 라마는 아무 말도 하지 않고 지켜보기만 할 뿐이었다. 시타는 장작불로 다가가더니, 그 앞에 무릎을 꿇고 엎드려서 말했다.

"오, 위대한 불의 신, 아그니여. 저의 증인이 되어주소서."

그리고 불 속으로 뛰어들었다.

―R.K. 나라얀, 『라마야나』, 아시아, 2012, 270쪽.

인도의 국민작가 나라얀은 1970년에 『라마야나』를 다시 쓴 이유를 묻자 이렇게 대답했다.

"내가 『라마야나』와 『마하바라타』를 다시 쓸 수밖에 없었던 것은, 바로 그 풍토 속에서 우리 문화가 발달했기 때문이다. 그것들은 상징적이고 철학적이다. 단순한 이야기로서도 훌륭하다. 놀랄 만큼 굉장하다. 나는 그것을 쓰지 않을 수 없었다. 그것은 작가 훈련의 일환이었다."

『마하바라타』는 『라마야나』와 더불어 인도를 대표하는 2대 서사시다. 나라얀이 다시 쓴 두 이야기는 오늘날 세계인들로부터 가장 사랑받는 판본이 되었다. 평론가 판카지 미슈라는 나라얀이 '고대의 이야기를 오롯이 되살려낸 현대의 완벽한 기록자였다'고 평가했다. 나라얀은 이미 인도를 대표하는 작가의 반열에 올라 있었지만, 인도인의 원형서사인 『마하바라타』와 『라마야나』를 다시 씀으로써 자신의 위치를 재확인시켰다.

『라마야나』는 텔레비전 드라마로도 제작되어 엄청난 성공을 거두었다.

1989년 여름, 인도의 청소원들은 파업을 벌이며 아주 특이한 요구를 내세웠다. 이미 1년간 매주 일요일 오전에 방영해온 드라마 《라마야나》의 연장을 위해 연방정부가 조치를 취하라는 것이 그들의 요구였다. 거리에 쓰레기가 쌓이고 도시가 엉망이 될 지경에 이르자 연방정부는 드라마 《라마야나》를 연장 편성하도록 했다. 역경을 딛고 승리를 쟁취한 정의의 화신 라마의 이야기의 연장 편성에 인도인들은 열광했다. 그래서 이 드라마는 무려 10년간이나 계속되었고, 드라마가 방영되는 일요일 아침에는 모든 도시와 마을의 거리에 인적이 끊어졌다.

또한, 원형서사의 활용은 국경에도 제한되지 않는다. 니나 페일리가 연출한 애니메이션 《블루스를 부르는 시타》는 제13회 안시 국제애니메이션영화제 장편부분에서 대상을 받기도 했다. 그리고 방글라데시의 여성작가 찬드라바티가 다시 쓴 『라마야나』에서는 정절의 증명을 요구받은 시타가 '불의 시련'을 단호히 거부하여 페미니스트의 태도를 보여준다.

원형서사의 활용은 다양한 방식으로 이루어진다. 이야기의 구조나 소재, 인물유형을 차용하는 경우가 대부분이지만 원형서사의 소재나 문체를 흉내 내서 익살스럽게 패러디하는 경우도 있다. 심지어 원형서사를 활용한 소설이나 영화임에도 원형서사의 흔적을 찾아내기조차 어려운 경우도 많이 있다. 작가나 감독이 원형을 단지 모티프로 이용하거나, 여러 개의 원형을 해체하여 재창조한 경우가 이에 해당한다.

1997년 서울 여성영화제 뉴커런트 부문 초청작인 디파 메타 감독의 영화 《파이어》는 '라마야나' 원형서사에서 모티프를 차용한 작품이다. 시타가 겪은 '불의 시련'을 현대적 관점으로 형상화한 이 영화는 개봉 첫날 인도에서 힌두교 보수파 그룹이 영화관을 몽둥이로 부수어 국제적인 화제가 되기도 했다. 집안에서는 근엄하게 자신을 장작 취급하면서 바깥에 나가서 욕정을 마음껏 풀고 다니는 바람둥이 남편에게 상처를 받은 여주인공 시타는 동병상련의 여성과의 동성애를 통해 억압당한 몸과 마음을 위로받는다. 원형서사의 모티프를 전복적으로 재해석한 이 작품은 고루한 힌두교도들의 격렬한 반발을 불러일으켰다.

원형서사 활용 플롯에 해당하는 문학작품으로는 황석영의 『바리데기』, 이동하의 「우렁각시는 알까?」, 이승우의 『식물들의 사생활』, 셰익스피어의 『로미오와 줄리엣』, 크리스토프 란스마이어의 『최후의 세계』, 친기스 아이뜨마또프의 『백년보다 긴 하루』 등이 있다.

친기스 아이뜨마또프의 『백년보다 긴 하루』는 러시아 사회주의 리얼리즘 최후의 걸작으로 평가되는 작품이다. 주인공은 30년 넘게 함께 일해 온 동료의 장례식을 치르기 위해서 아나베이드 묘지로 향한다. 단 하루의 짧은 여정이지만 주인공은 자신의 삶을 차분하게 회고한다. 이 과정에서 몇 가지 원형서사가 소개되는데, 머리에 낙타가죽을 씌워 무시무시한 고통을 주고 기억을 말살시켜 자신을 인간으로 인식하지 못하는 노예로 만들어 버리는 「만꾸르뜨」 전설과 음유시인인 라이말리-아가와 젊은 처녀 베기마이와의 운명적인 사랑이야기를 통해서 주인공의 혼란과 운명 앞에 선 인간의 고독함을 효과적으로 보여준다.

원형서사 활용 플롯에 해당하는 영화로는 톰 새디악 감독의 《에반 올마이티》, 케네스 브래너 감독의 《토르: 천둥의 신》이 있다.

원형서사 활용 플롯의 종류

원형서사가 지닌 힘은 보편성에 있다. 원형적 서사는 한 민족이나 집단이 겪어온 경험이 그 구성원들에게 내면화하고, 사회적으로 풍속화한 삶이 서사적 형식으로 나타난 것이라 할 수 있다. 이러한 형식의 서사는 시대의 변화와 함께 반복과 변형을 거듭하면서 끊임없이 보편성을 확장하는 운동성을 발휘한다. 여기에 작가나 감독, 프로듀서의 새로운 상상력이 결합되면 시대정신에 부응하는 작품이 탄생한다.

창작자가 원형서사를 서사작품에 활용하는 방식은 대체로 두 가지를 꼽을 수 있다. 하나는 원형서사의 구조를 활용하는 것이고, 다른 하나는 원형서사의 인물을 활용하는 것이다.

원형서사의 구조를 활용하는 방식은 장르영화나 게임에서 많이 쓰인다. 예를 들어 판타지 장르 영화나 MMORPG 게임에서는 영웅서사의 구조를 그대로 따른다. 이 구조는 크리스토퍼 보글러의 분류가 가장 보편적으로 활용되는데, 기존의 영웅서사를 12단계로 도식화하여 설명한 것이다.

단계	내용
1단계	일상세계
2단계	모험에의 소명
3단계	소명의 거부
4단계	정신적 스승과의 만남
5단계	첫 관문의 통과
6단계	시험, 협력자, 적대자
7단계	동굴 가장 깊은 곳으로의 접근
8단계	시련
9단계	보상 (검을 손에 쥠)
10단계	귀환의 길
11단계	부활
12단계	영약을 지니고 귀환함

'영웅의 여정 12단계'
크로스토퍼 보글러, 『신화, 영웅, 그리고 시나리오 쓰기』, 무우수, 2005. 참조.

위와 같은 영웅서사의 전형적인 구조는 수없이 많은 장르영화에서 사용되어 왔다. 국내에서는 류승완 감독의 《아라한 장풍대작전》이나 김태균 감독의 《화산고》 등이 이러한 구조를 그대로 차용하거나 변주한 대표적인 작품이다.

원형서사를 활용하는 방식 가운데 보다 많이 쓰이는 것은 원형서사의 인물을 가져오는 것이다. 원형서사 속에 등장하는 인물의 이름은 그 자체로 고유한 성격과 변별력을 지닌다. 가령, 심청이나 홍길동이 주인공으로 등장한다면 독자나 관객은 원형서사의 줄거리와 사건, 주제 및 교훈을 자연스럽게 떠올릴 것이다. 더 나아가 현대적으로 재창조된 인물이 특정한 사건이나 장애물을 어떻게 극복하고 해결할지 눈여겨볼 것이다. 그리고 원형서사 속에 담긴 주제와 교훈을 지금 이곳에 걸맞도록 어떻게 변주하는지 집중할 것이다. 원형서사의 인물을 활용한 영화로는 김대우 감독의 《방자전》을 들 수 있다. 《방자전》은 한국 고대소설의 대표작인 『춘향전』을 과감하게 비틀어 방자와 춘향이의 로맨스를 만들어냈다.

역사드라마의 새로운 지평을 연 것으로 평가되는 《주몽》은 무려 50퍼센트를 넘나드는 폭발적인 시청률을 기록했다. 이복형제에게 쫓기는 주몽이 눈이 먼 채 유폐되어 있는 친부 해모수로부터 무술을 배우는 대목에서 월드컵 중계방송 때문에 드라마의 방영이 두 주나 중단되자 시청자들의 항의가 쏟아지기도 했다.

주몽

월드컵 축구도 《주몽》의 인기를 잠재우지 못했던 것이다.

《주몽》은 삼국사기와 삼국유사에서 인물들을 가져왔지만 거의 이름만 가져왔다고 할 만큼 작가의 상상력에 의해 재구성된 원형서사 활용 사례에 해당한다. 원형서사에서 해모수는 하느님의 아들로 유화부인과 사통하여 주몽을 낳게 하는 인물이다. 삼국사기에는 유화부인의 입을 빌려 '여러 동생과 함께 나가 놀고 있는데 한 사내가 스스로 천제의 아들 해모수라고 하며 나를 웅심산 아래에 있는 집으로 데리고 가서 사통하고는 다시 돌아오지 아니했다.'고 기록되어 있다. 그런 해모수가 드라마 《주몽》에서는 한나라에 저항하는 고조선 독립 영웅으로 형상화되어 있다. 삼국사기에 졸본 출신으로 이름이 단 한 번 등장하는 소서노는 드라마를 이끌어가는 중심인물의 하나로 격상되었다. 드라마에 나오는 다물군은 아예 기록 자체가 없는 가공의 군대다. 《주몽》은 드라마 《허준》을 썼던 최완규와 드라마 《다모》를 썼던 정형수가 함께 극본을 맡은 작품이다. 최완규는 '역사 기록이 부족했기 때문에 오히려 더 자유롭게 이야기를 끌고 갈 수 있었다.'고 했고, 정형수는 '원형서사를 완전히 해체해서 새롭게 창작한 것으로 굳이 말하자면 원형서사에서 가져다 쓴 것은 5퍼센트도 되지 않는다.'고 말했다. 그런데도 시청자들은 물론이고 역사학자들까지 나서 드라마에 나오는 역사적 사실, 인물들의 관계에 대해 논쟁을 벌였다.

원형서사 활용 플롯은 원형서사의 소재 가운데 일부만을 활용하거나, 원형서사의 이미지만 활용하기도 한다. 하지만 소재나 이미지의 특성상, 어떤 부분에 어떻게 원형서사를 활용했다고 특정하기 쉽지 않은 경우가 많다.

황석영의 소설 『바리데기』도 원형서사를 활용하여 현대적으로 재창조한 작품이다. 바리데기의 원형서사는 아버지의 병을 고치기 위해 고행을 견디고 자신의 모든 걸 바쳐 불사약을 구해낸다는 지극한 효녀담이다.

옛날 이씨주상금마마가 여섯 공주를 보고 일곱 번째에도 역시 공주가 태어나자, 노한 대왕은 일곱 번째 공주를 옥함에 담아 강물에 띄워 버린다. 아이는 바리공덕 할아비와 할미에게 구출되어 자라난다. 바리공주가 15세가 되던 해에, 대왕마마가 병에 걸린다. 대왕마마의 꿈에 청의동자가 나타나 하늘이 정한 아기를 버린 죄로 죽게 되었으며 살기 위해선 버린 아기가 구해다 주는 무장신선의 불사약을 먹어야 한다고 가르쳐준다. 대왕마마는 바리공주를 다시 찾아내고, 바리공주는 아버지의 불사약을 구하러 저승세계를 지나 신선세계로 간다. 그곳에서 무장신선에게 불사약 값으로 9년 동안 일을 하고 그와 혼인해 일곱 아들을 낳아준다. 그리고 돌아와 이미 죽은 대왕마마를 살려낸다.

황석영은 이 바리데기 신화를 어떻게 활용해 어떤 작품으로 재창조했을까. 소설 『바리데기』 속 바리의 탄생은 신화와 매우 유사하다.

딸 네쌍둥이까지는 매 란 국 죽, 거기에다 다섯, 여섯 쌍둥이까지도 맞춤하고 아름다운 이름이 있을 터였다. 아버지는 딸 여섯까지는 각오하고 있었다는 뜻이다. 우리 자매 이름이 그래서 내 위까지 진 선 미 정 숙 현으로 마감해버린 것이다. 아버지는 내가 또 딸로 태어나서 넘치자, 여섯 언니들에게 지어준 꽉 찬 여자이름들이 모두 쓸데없이

> 모자란 글자로 변해버렸다고 생각한 모양이었다. 아버지가 더 이상 말도 않고 출근한 뒤에 기왕 말이 나온 김에 할머니와 엄마는 내 이름을 가지고 얘기를 나누었다.
> 에미야, 저것두 이름을 져 주어야 하지 않갔나
> 지 생각에는 미안하고 섭섭하니까니, 미안이나 섭섭이라구 짓소
> 기런 이름두 들어보긴 했다만 가만 보자, 저걸 숲에 내다버렸지비?
> 그렇게 되어서 할머니는 내 이름을 '바리'라고 짓기로 했다. 세상의 끝까지 돌아다니면서 온갖 고생을 겪다가 할머니가 내 이름을 바리라고 부르게 된 뜻을 스스로 깨우치게 된 것은 훨씬 나중의 일이다.
> ― 황석영, 『바리데기』, 창비, 2007, 12-13쪽.

 황석영에 의해 재창조된 바리는 탈북 여성이다. 그녀는 신화 속 바리가 저승세계를 가로지르는 것과 진배없는 여정을 거쳐 신자유주의 그늘이 깊게 드리운 런던 차이나타운에 도착한다. 이곳에서 불법체류자로 살게 된 바리는 신화 속 무장신선에 해당하는 파키스탄 출신의 이슬람교도 알리를 만나 열여덟 살에 결혼한다. 무장신선은 9년이나 바리를 고생시키지만 결국 그녀에게 불사약을 주어 대왕마마를 살리는데 이바지하는 인물이다.

물론, 탈북 여성인 바리가 알리로부터 불사약을 얻어내고 북한으로 귀향하는 일은 벌어지지 않는다. 오히려 미국과 아프카니스탄의 전쟁에 기인한 바리의 고통과 런던의 폭탄테러를 보여주면서 세상에 만연한 폭력을 보여준다. 하지만 작가는 런던의 차이나타운에서 알리를 비롯한 타인들의 상처를 치유하는 바리를 통해 화해와 구원에 대한 희망을 드러낸다.

이처럼 황석영의 소설 『바리데기』는 신화의 구조와 인물을 활용하여, 이데올로기, 민족, 종교, 빈부의 경계를 넘어서려고 한다. 신화 속 바리데기에게 사회적 배경을 부여함으로써 조화와 화해의 가능성을 모색한 것이다.

원형서사 활용 플롯의 유의사항

원형서사의 범주는 너무나 넓다. 그래서 원형서사를 활용한 서사작품이라 할지라도 그 안에서 원형서사가 어떻게 사용되었는지 특정하기란 결코 쉬운 일이 아니다. 하지만 원형서사를 작품 앞에 드러내놓고 창작한 서사작품의 경우에는 익숙함과 파격 사이에서 적절히 균형을 맞춰야 한다. 전형성에 지나치게 치우치면 흔한 재현에 그치게 되고, 파격이 지나치면 원형서사의 잠재적인 힘을 충분히 끌어내기 어렵다.

이러한 위험으로부터 벗어나기 위해서는 원형서사의 인물을 보다 설득력 있는 인물로 재창조해야 한다. 전설과 민담의 인물 성격은 대체로 평면적이다. 인물의 성격을 명확하게 규정하기보다는 단편적인 설명에 그치고 사건의 전개를 통해 성격을 직간접적으로 드러내며 사건에 따른 성격의 변화가 역동적이지 않다. 반면 현대적인 서사는 입체적인 성격을 요구한다. 단지 효심이 지극한 인물이 효심을 시험하는 특이한 사건에 휘말리지만 이를 해결하고 복을 받는 이야기가 아니라, 지극한 효심의 내력과 의외의 사건으로 인해 갈등하고 변해가는 과정을 설득력 있게 그려야 한다.

원형서사의 생명력에 안이하게 기댄 채 현대적인 어법으로 고쳐 쓰기에 그친 작품이 성공하기는 어렵다. 모든 원형서사에는 그러한 서사가 탄생할 수밖에 없었던 사회적인 배경이 존재한다. 이를 무시한 채 새로운 해석이나 재창조 과정 없이 그대로 이야기를 가져온다면, 그 작품은 원형서사의 활용보다 원형서사의 복제에 가깝게 된다. 원형서사의 현재적 의의를 새롭게 읽어내지 못한 작품은 실패한 서사다.

할레드 호세이니는 소설 『연을 쫓는 아이』에서 '로스탐과 소랍'의 이야기를 직접 인용했다. 주인공 아미르가 친구이자 자기 집 하인의 아들인 하산에게 들려주는 '루스탐과 소랍'의 이야기는 서기 1010년 이란 시인 피르다우시가 35년에 걸쳐 집필한 대서사시 『샤 나메』에 나오는 것이다. 왕들의 이야기란 뜻을 지닌 『샤 나메』에는 무수한 영웅이 등장하는데 그 중에서도 첫 번째 가는 영웅은 단연 로스탐이다.

영웅 중의 영웅 로스탐이 명마 중의 명마 라크쉬와 함께 대악마들에게 사로잡힌 이란의 왕을 구해온 다음 이란은 평화를 누린다. 그러던 어느 날 사냥을 나갔다가 잃어버린 라크쉬를 찾아 헤매던 로스탐은 국경을 넘어 이웃 나라 투란에 발을 들인다. 그는 투란의 공주 타미나를 만나 사랑에 빠진다. 두 사람은 결혼을 하지만 라크쉬를 되찾은 로스탐은 이란으로 돌아가야 한다. 이란으로 떠나면서 로스탐은 아내 타미나에게 자기 가문의 신분증이라고 할 수 있는 팔에 두르는 부적을 준다. 로스탐이 이란으로 돌아간 뒤 타미나는 달처럼 빛나는 아들을 낳고, 이름을 소랍으로 붙였다. 소랍은 아버지 로스탐과 같이 태어날 때부터 천하장사였다. 소랍이 아버지에 대해 묻자 타미나는 이미 전설이 된 영웅 로스탐에 대해 이야기해준다.

소랍은 투란에서 가장 뛰어난 전사가 되고, 이란의 영웅과 대적하게 된다. 그러나 소랍은 자기와 맞서 싸우는 자가 누구인지 모른다. 아무도 그 상대방의 이름을 알려 주지 못하게 되어 있었기 때문이었다. 소랍이 결투를 하면서 상대방에게 이름을 물었지만 로스탐은 알려주지 않는다. 상대방이 워낙 만만치 않아서 혹시 자기가 지면 명예에 손상이 될까 봐 일부러 숨긴 것이다.

치열한 접전 끝에 로스탐의 칼이 소랍의 가슴에 박힌다.

타미나가 두 사람의 싸움을 말리기 위해 달려왔지만 이미 때는 늦은 후였다. 로스탐은 소랍의 팔에 두른 부적을 보고 자기 아들임을 비로소 깨닫는다. 소랍은 오열하는 아버지의 품에 안겨 숨을 거두고 만다.

> 하산이 가장 좋아 했던 책은 10세기에 씌어진 고대 페르시아 영웅들에 관한 서사시 『왕들의 이야기』였다. 그는 모든 장을 다 좋아했고 특히 옛날 페리둔과 잘, 루다베의 샤들을 좋아했다. 그러나 그 중에서도 하산과 내가 가장 좋아했던 것은 훌륭한 전사인 로스탐과 그의 쾌속마 라크쉬에 관한 『로스탐과 소랍(소흐랍)』 이야기였다. (…중략…) 이 구절을 읽어주면 하산의 눈에 눈물이 가득 고이기도 했다. 나는 누구 때문에 하산이 우는 것인지 항상 궁금했다. 옷을 찢으며 머리에 재를 뿌리며 슬픔에 사로잡힌 로스탐 때문일까. 아니면 아버지의 사랑을 갈구하다 죽어가는 소랍 때문일까?
>
> ― 할레드 호세이니, 『연을 쫓는 아이』, 열림원, 2008, 49쪽.

이후 하산은 아미르의 거짓말 때문에 바바의 집을 떠난다. 아미르의 집을 떠난 하산이 죽은 뒤에 남긴 아들의 이름은 '소랍(소흐랍)'이다. 친구이자 주인집 아들인 아미르에게 '도련님을 위해서라면 천만 번이라도 그렇게 하겠다.'고 했던 하산의 아들 소랍에게 아미르는 '너를 위해서라면 천만 번이라도 그렇게 하겠다.'고 말함으로써 소설은 깊은 울림과 여운을 남긴다. 할레드 호세이니의 소설 『연을 쫓는 아이』는 마크 포스터 감독에 의해 같은 제목으로 영화화되기도 했지만 소설만큼 반응을 얻지는 못했다.

푸치니의 오페라 《투란도트》의 '투란'은 영웅 루스탐의 아들 소랍의 조국인 바로 그 투란이다. '투란도트'는 '투란의 딸'이란 뜻이다.

원형서사를 활용한 플롯은 장르의 특성에 맞는 서사의 구조와 인물을 효과적으로 형상화하는 방법을 개발해야만 독자나 관객의 감동을 불러일으킬 수 있다. 원형서사가 지닌 잠재력을 자신의 작품 속에서 효과적으로 되살려내기 위해서는 원형서사를 둘러싸고 있는 역사에 대한 정확한 이해가 전제되어야 하는 것은 물론이다. 주인공의 이름을 그대로 차용하고, 사건을 현대로 옮겨온다고 해서 원형서사가 지닌 매혹이 저절로 구현되는 것은 아니다. 그리스·로마신화의 원형서사가 지닌 힘을 현대 서사에서 새롭게 발휘하게 만드는 것은 신들의 익숙한 이름 때문이 아니다. 원형서사를 활용한 플롯은 원형의 핵심이 지닌 매혹을 작품 속에 구체화하는 동시에 지금 이곳에서 살아가는 사람들에게 그것이 지닌 의미를 새롭게 환기시켜야 한다. 그뿐만 아니라 현대적인 장르의 문법이 가진 특징을 제대로 구현할 수 있어야 성공을 거두게 된다.

원형서사 활용 플롯에서 유의해야 할 점은 표절이다.

신화와 전설, 민담과 같은 원형서사의 내용은 사회의 공공적 자산으로 간주되어 저작권이 개방되어 있다. 그러나 원형서사를 활용하여 재창조된 작품에는 독자적인 저작권이 부여된다.

원형서사의 어디부터 어디까지, 무엇부터 무엇까지를 활용했는지 정확히 분리해내기 어렵기 때문에 원형서사를 활용한 작품들 사이에 표절시비가 발생하곤 한다.

김영현과 박상연이 공동집필하여 MBC를 통해 방영된 드라마 《선덕여왕》은 뮤지컬 《무궁화의 여왕, 선덕》의 대본을 표절했다며 소송을 당했다. 1심 재판부는 드라마 《선덕여왕》이 뮤지컬 《무궁화의 여왕, 선덕》을 표절했다고 볼 수 없다며, MBC와 작가 등을 상대로 손해배상 청구 소송을 제기한 원고인 뮤지컬 제작사 대표의 패소판결을 내렸다. 그러나 2심 재판부인 서울고법 민사5부는 원고 패소 판결을 내린 원심을 깨고 '2억원의 지급하라'며 원고 일부 승소 판결을 내렸다. 드라마와 뮤지컬이 '장르적 특성, 등장인물 숫자와 성격, 역할, 세부적인 묘사와 사건 전개의 세밀함 등에 차이가 있지만, 전체적인 줄거리가 일치하고 인물의 갈등 구조 등이 상당히 동일했다'는 것이다.

반면, (사)한국방송작가협회 저작권심의위원회는 만장일치로 드라마《선덕여왕》이 뮤지컬《무궁화의 여왕, 선덕》대본을 표절하지 않았다는 결론을 내렸다.《서울의 달》과《짝패》를 쓴 김운경,《허준》과《주몽》을 쓴 최완규,《최고의 사랑》을 쓴 홍정은, 홍미란 등 드라마 작가 125명도 성명을 내고 '동일한 역사적 오류를 저작권 침해를 판단하는 근거로 적용한다면 작가들의 표현과 창작을 위축시킬 수 있다'며 '창작의 재료를 1인에게 독점적으로 부여하게 되는 결과를 초래한다.'고 우려했다.

대법원의 최종판결이 어떻게 나올지는 아직 알 수 없지만, 그 결과와 무관하게 표절시비로 인해 작가와 연출자, 프로듀서들은 고통을 겪을 수밖에 없다. 저작권에서 자유로운 원형서사의 스토리와 달리 그것을 재창조한 스토리와 그 표현방법은 다른 작품들과 다름없이 저작권이 부여된다는 점을 원형서사 활용 플롯의 사용자들은 반드시 기억할 필요가 있다.

맺음글

서사예술의 질서와 코드는
작품에 숨겨져 있다

　서사예술에서 스토리는 표면에 드러나 있는 질서인 반면 플롯은 보이지 않는 이면의 질서다. 스토리를 플롯의 기초가 되는 사건으로 규정한 미하일 바흐찐은 플롯이 스토리를 '지연, 제동, 이탈'시키거나 '우회'시켜 낯설게 만드는 역할을 한다고 보았다. '낯설게 만든다'는 것을 단순히 생소하게 만든다는 것으로 오해해서는 안 된다. 서사의 주체인 인간과 서사의 배경인 세계를 관성적으로 수용하고 재현하는 것을 거부한다는 뜻이다.
　서사예술은 인생을 반영하고 성찰하는 행위다. 관성적으로 인생을 살아가는 사람들에게는 성찰이란 것이 발생하지 않는다. 남들이 공부하니까 하고, 남들 가려는 대학에 가기 위해 젊음을 바친다. 남들 하는 결혼을 하고, 남들 버는 돈을 벌기 위해 인생을 소비한다. 어제와 다르지 않은 오늘을 반복하는 자기 인생을 검문하기 위해서는 '일단정지'가 필요하다. 이렇게 살아가는 것이 나에게 무슨 의미인가? 이런 질문을 던지려면 관성적으로 살아가고 있는 발걸음을 멈추어야 한다.

'지연, 제동, 이탈, 우회'는 표면적인 스토리에서 드러나지 않은 다른 면모를 탐색하기 위해 서사예술이 마련한 검문소의 이름이다. '지연'과 '제동'의 검문소는 흐르는 대로 흘러가는 자연스러운 이야기의 흐름을 방해하면서 관성적 시선이 놓친 진실을 들추어낸다. '이탈'과 '우회'의 검문소는 일상이 감추어 놓은 다른 가치를 체험하도록 만든다.

  그래서 스토리는 요약해서 이해하는 것이 가능하지만 플롯은 요약해서 이해하는 것이 불가능하다. 보이지 않는 서사의 질서인 플롯을 이해하는 방법은 그 질서를 담고 있는 텍스트를 통해서만 가능하다. 아홉 가지 플롯의 유형에 대한 분석도 철저히 텍스트에 의지해야 하는 이유가 여기에 있다. 텍스트가 되는 작품을 읽지 않고 유형을 공부한다는 것은 문법 이론을 통해 회화 공부를 하는 것보다 더 무용하다. 모든 문학 수업이 그런 것과 마찬가지로 플롯을 명료한 이론으로 정리하고, 그것에 따라 좋은 작품을 쓸 수 있다고 말하는 것은 정직하지 않다. 천재도 텍스트를 읽지 않고서는 텍스트 안에 담긴 질서를 이해하지는 못한다. 특히 소설은 그렇다. 영화가 단순성의 정신을 가지고 있다면 소설은 복잡성의 정신을 가지고 있기 때문이다. 소설에는 수많은 질서가 혼재한다. 어떤 방법으로도 규명하기 어려운 복잡한 질서에 근거하고 있다. 플롯은 이야기를 질서화한다. 질서가 이야기의 의미를 바꾼다. 그 질서화의 대상에는 인물, 사건뿐만 아니라 배경과 문장 등 서사에 필요한 모든 요소의 배치가 포함된다.

서사 패턴을 분류하기 전에 질서화가 간단치 않다는 사실을 반드시 전제해야 한다. 이 책에서 살펴본 9개 유형의 시작 장면, 5개 유형의 마지막 장면, 9개 유형의 플롯 유형은 서사 창작의 방법론을 중심으로 분류한 것이다. 분석적 결과론으로서의 서사 패턴이 아니라 창작방법론으로서의 서사 패턴이다. 철저하게 텍스트 분석에 의존한다면서 분석적 결과론으로서의 서사 패턴이 아니라는 말이 모순처럼 여겨질 수 있다. '창작방법론으로서의 서사 패턴'이라고 명명하는 것은 텍스트에 내재한 창작방법론의 핵심적인 특성을 중심으로 서사 패턴을 분류하였다는 뜻이다. 아홉 개의 플롯 유형은 그동안 내가 한 문학 공부와 창작 경험, 학생들과 함께 수업을 하면서 도출한 창작 방법론의 유형이다. 서사 패턴을 어떻게 시작 장면의 유형 9개, 마지막 장면의 유형 5개, 플롯의 유형 9개로만 나눌 수 있겠는가? 만 편의 영화가 있다면 거기에는 만개의 질서가 있다. 만 편의 드라마가 있다면 거기에도 만 개의 서로 다른 질서가 있을 것이다. 서사 패턴 959는 창작방법론으로서 다른 패턴과 구별되는 아주 분명한 특성을 가지고 있고, 실제 창작에서의 범용성이 작품의 성과로 확인된 가장 대표적인 질서를 체계화한 것이다.

작품 속에는 수많은 질서와 코드가 숨겨져 있다. 아무리 훌륭한 학자도 영화 한 편, 소설 한 편에 담겨있는 질서를 다 밝히기란 어렵다. 그것을 다 밝힌다고 해도, 그 질서와 방법을 통해 다른 작품을 만드는 데 활용할 수 없다면 그러한 연구 작업은 창작의 영역에서만큼은 무의미한 일이다.

이론가들은 평생을 창작자들이 만들어 놓은 질서를 해명하는 데 바치는 사람들이다. 그들은 텍스트가 된 작품의 여러 가지 요소, 여러 가지 질서 중 극히 일부를 해명한다. '이 소설은 이런 것이다. 이런 구조로 되어 있고, 이런 캐릭터로 되어 있다'고 아주 일부를 밝힐 뿐이다. 그런데 사람들은 그것을 마치 그 작품의 전부인 것처럼 오해하고, 받아들인다. 서사창작의 방법론에 관한 가장 뛰어난 이론가는 작가다. 그들의 이론은 작품 안에 완성된 형태로 존재한다. 작가들은 '이런 것이 서사질서다, 플롯이다'라고 자신의 작품을 통해 주장하고 있는 것이다. 우리가 살펴본 서사 패턴 959를 가지고 서사 질서의 유형을 모두 명료하게 포괄할 수 있고, 이 방법론으로 훌륭한 서사를 창작할 수 있다고 말한다면 그것은 진실이 아니다.

서사가 지닌 복잡한 질서는 오로지 작품을 통해서만 완전히 구현된다. 텍스트에 내재한 서사 질서의 완전한 실체에 가장 가까이 접근하기 위해 선택할 수 있는 유일한 방법은 성취가 명백한 텍스트의 핵심적인 창작방법론을 스스로 읽어내는 것이다.

이야기를 완성하는
서사 패턴 959

2013년 3월 20일 초판 1쇄 펴냄
2023년 2월 20일 초판 4쇄 펴냄

지은이 방현석
펴낸이 김재범
펴낸곳 (주)아시아
출판등록 2006년 1월 27일
등록번호 제406-2006-000004호
전화 031-944-5058
팩스 070-7611-2505
주소 경기도 파주시 회동길 445
전자우편 bookasia@hanmail.net
홈페이지 www.bookasia.org

ISBN 978-89-94006-60-4 13800
*값은 뒤표지에 표시되어 있습니다.